つき合うと

得する人 損する人

の見分け方

できる社長の対人関係

JN112026

服部真和

●注意
(1) 本書は著者が独自に調査した結果を出版したものです。
(2) 本書は内容について万全を期して作成いたしましたが、万一、ご不審な点や誤り、記載漏れなどお気付きの点がありましたら、出版元まで書面にてご連絡ください。
(3) 本書の内容に関して運用した結果の影響については、上記 (2) 項にかかわらず責任を負いかねます。あらかじめご了承ください。
(4) 本書の全部または一部について、出版元から文書による承諾を得ずに複製することは禁じられています。
(5) 商標
本書に記載されている会社名、商品名などは一般に各社の商標または登録商標です。

はじめに　～経営者こそ仲間を増やさなくてはならない

「社長は孤独である」

そんな話を聞いたことはありませんか。この本を手にとっている方はきっと、次のうち、いずれかに当てはまるのではないでしょうか。

- **会社など法人の経営者（社長）**
- **個人事業者やフリーランス（事業者）**
- **社長や事業者との直接取引が多い職業の方**
- **起業している方やこれから起業したい方**

いずれにしろ、どの方も必ず理解しなくてはならないことは、冒頭に述べた「社長は孤独である」ということです。

社長がなぜ孤独なのかというと、ビジネスの規模にかかわらず、社長はつねに最終決断をしなくてはならない立場だからです。

どんなに多くの友人がいても、どんなに最愛の家族が癒《い》やしてくれたとしても、自らの生命線「ビジネスの将来を左右する決断」は1人でしなければなりません。

仮に、共同経営者や信頼できる右腕がいたとしても同じです。

心の底から腹を割って相談し、全幅の信頼を寄せて、最終決断を他人に任せられる人が社長になることは少ないのです。

だからこそ**「この人と一緒に仕事がしたい」と思える仲間を見つける。あるいは、誰かにそう思われたいと考えることこそが、社長にとっては重要なテーマ**となります。

同じ境遇に立ち、同じ悩みを抱えているからこそ、助けあい、化学反応を起こしあえる……。じつは社長こそ、1人でも多くの仲間を増やさなくてはならないのです。

これは変化の激しい時代になり、人の寿命よりも会社の寿命のほうが短くなりつつある現代においては、社長や事業者に限らなくなってきました。

社長や事業者と取引をする可能性がある多くの人々も、等しく「自分が相手にとって意義のある存在か」ということを問い続けて、経営者と直接向きあっていくことが大切です。それは各々の孤独感と、表裏一体のテーマとして重くのしかかります。

本書では、これを「できる社長の対人関係」として、自らが大切にする価値観を主軸にしつつ、多くの社長や事業者と向きあって、信頼関係を築き、お互いを確実に高めあう方法を短時間で修得できるようにまとめました。

人と人を調和に導き、１５００の事業創出を支援

はじめまして。

行政書士事務所をはじめ、複数の会社を経営している服部真和《はっとりまさかず》と申します。

僕は日ごろ、行政と経営者のあいだに立ち、双方の橋渡しをすること。会社や個人が新規事業を立ち上げる際に法規制の対応をすること。そして、その際の資金調達、組織設計、ルールづくり、権利関係の処理などを支援する仕事をしています。

これらは、いずれも「国と人」あるいは「人と人」の利害関係を調整することが大切になる仕事です。

僕は、2009年の起業以降「人と人の不一致を改善し調和させる」ことをミッションに、1500近い事業の創出を支援してきました。

これまで、1000人を超える社長、さまざまな地域の行政職員、各省庁の官僚などの役人、省庁の大臣との調整をおこなってきました。

他方、1000人近い住民が反対運動を起こす地域で、ある事業をおこなおうとする事業者に指南し、1か月と経たず協定の調印に導いたこともあります。

このように僕の仕事は、つねに「人と人を調和に導く」ことを命題としていた、といっても過言ではありません。いわば良好な「対人関係」を築くことが本質なのです。

コミュ障で苦しんだ僕が、なぜ対人関係のプロに？

僕の仕事内容を知った多くの方は「この人は、どんなにすごいコミュニケーションの達人なんだろう」と思われるかもしれません。

しかし、じつは僕は長年、対人コミュニケーションで苦しんだ人間です。いや、現在進行形で苦しんでいるといってもいいほどです。

僕は、小さいころから他人に自分の意志を伝えたり、相手にあわせたりすることができず、浮いてしまうことがたくさんあり、やがて他人との関わりを避けるようになりました。いわゆる「コミュ障」というやつです。

昼休みになると、みんなが一緒に昼食をとりにいく中、1人でトイレにこもって時間を過ごすこともありました。

こんなことを書くと、僕を知る関係者は今これを読んで驚いていることでしょう。しかし、本当に僕は、それくらい「誰にでもできる容易なコミュニケーション」がうまくできない人間です。

そんな僕でも、先ほど申し上げたように、**行政や民間から多数のプロジェクトを引き受け、多くのメンバーをとりまとめ、目的達成を成しとげてきた**のです。

僕の講演、あるいは動画配信を見てもらえば一目瞭然ですが、コミュ障なんて信じてもらえないような言動をしていると思います。

そんな僕を支えるのが、本書でご紹介する**「価値観を重視して他者と関わる対人関係構築法」**です。

相手の価値観から「6タイプ」に分けて神対応

対人関係でうまくいかない原因、それは「他者の価値観を理解しない」ことが多くを占めています。

価値観とは、その人が「何を大切に思い（反対に何を大切に思わない）」「何を優先し」「何に喜び」「何を嫌い」「何に怒り」「何をおそれる」などといった、その人にとっての行動基準や判断の動機となるものをいいます。

人は他人の価値観に無頓着《むとんちゃく》です。

自分の価値観がどんなものかを考えることも、まずありません。そこに「人と人の調和」が生まれない原因があります。

逆に言えば、**他人の価値観を理解し、自分の価値観を知れば、対人関係は劇的に良好になる**のです。

そこには、すぐれたコミュニケーション力など不要です。

本書では、この他人や自分の価値観への向きあい方を容易にするために、**対人する相手を「マスター（研鑽《けんさん》者）」「アレンジャー（改良者）」「クリエイター（創造者）」「アンバサダー（伝道者）」「マネージャー（管理者）」「イノベーター（革新者）」という6タイプに分類し、それぞれの対応方法を解説**していきます。

これらを「秒で判断できる簡易な方法」から「より高度に対応するための詳細な解説」まで、僕の長年の経験をギュッと凝縮してお伝えします。この分類は、基本的に老若男女、世代職業など問わずに、誰にでも当てはめ、対応することが可能です。

ただし、僕の蓄積した経験が、とくに「対経営者」であることから「できる社長の対人関係」としてとり上げています。経営者になる人の多くは、僕のように「誰にでもできる容易なコミュニケーション」が苦手な「クセつよ社長」が多いので、6タイプ別で構築する対人関係構築法が高い効果を発揮するはずです。

本書を手にとってくださったあなたが、僕のメソッドによって良好な対人関係を築き、新たな「人と人との調和」へと導くことができましたら幸いです。

第4章／6タイプ別攻略法　「この接し方」で口説く

第5章／タイプ別に見る「クセ立てリング」活用事例

第1章／孤独で多忙な経営者こそ仲間が必要だ

1/ 日本の経営者は予想以上に多く、みんな交流に飢えている

総務省が発表している「令和3年経済センサス‐活動調査」によると、日本には507万9000の事業所・企業があるとされています。2割ほど同じ経営者が複数の企業を経営しているとしても、**日本には400万人程度の経営者がいる**と考えられます。

日本の人口は約1億2000万人程度ですから、じつに30人に1人程度は経営者だということになります。学校で考えれば、1クラスに1人は経営者がいることになりますので、かなりの割合で経営者が存在するということです。

それにもかかわらず、世間のイメージでは日本は経営者が少なく、起業する人間の数も少ないと思われています。これは大きな誤りです。

たとえば、世界のスタートアップ企業などの情報を提供しているＷｅｂサイト「スタートアップランキング（https://www.startupranking.com/）」によれば、日本のスタートアップ企業数は世界１９６か国中で24位です（２０２３年3月時点）。決して低い順位とはいえません。

また、Ｇｏｏｇｌｅ検索で「異業種交流会」と検索すると３３５万件ヒットしますが、一方で「経営者交流会」と検索すると、その10倍に相当する３２９０万件ヒットします（２０２３年3月時点）。

これらは**世間のイメージよりも日本に経営者がたくさんいて、しかも経営者同士の交流に高いニーズがある**ことを示しているのです。

では、どうして経営者の交流に高いニーズがあるのでしょうか。

「はじめに」で述べたように、経営者は、心の底から腹を割って社内の人間に相談することが少なく、全幅の信頼を寄せて最終決断を他者に任せられる人も少ないからです。

このことから、社内に仲間もいないし、社内に相談相手をつくることもできません。

その結果、経営者は同じ境遇に立ち、同じ悩みを抱える仲間を見つけるために経営者交流会に参加したり、経営者同士で情報交換がてら飲み会を開いたりすることがとても多いのです。

また、日本商工会議所や経済同友会、日本経済団体連合会といった経営者で構成する経済団体があります。ほかにも、任意で組織されたビジネス交流組織が多くあります。

このような団体で経営者同士が交流し、情報交換やプロジェクト遂行などをおこなっていることをご存じの方も多いでしょう。

部下は人間関係に悩み、社長は孤独に悩む

僕の登録している行政書士という資格でも同様です。弁護士、税理士、司法書士、土地家屋調査士、社会保険労務士、弁理士、建築士といったさまざまな士業《しぎょう》が、異業種交流することを目的とした士業交流会というものがたくさんあります。

士業も、同業者や他業種経営者との情報交換や交流が、非常に盛んです。士業として登録している人で、士業交流会に参加したことがない人は、あまりいないはずです。

そのほかにも、同じ課題や問題意識を共有する特定の産業や業種の「同業者」で構成

する業界団体といわれる組織があります。

このように、互いの親睦《しんぼく》や相互扶助、研究活動などをおこない、社内には存在しない仲間や相談相手を外部に求めるのは、経営者にとっては日常茶飯事です。

経営者同士が集まれば、決まって話題になるのは「税制に関すること」や「売上向上に関すること」、そして「対人関係に関すること」です。

とくに対人関係の悩みは尽きることがありません。著名な心理学者のアルフレッド・アドラーは**「人間のすべての悩みは対人関係にある」**とさえいっているほどです。

会社に置きかえれば「部下は人間関係で悩み、社長は孤独で悩んで」います。

これはすなわち経営者が、社内で部下が抱える「人間関係の課題」と、自らが抱える「相談相手がいない」「理解者がいない」といったすべての会社の対人に関する悩みを一手に背負っているということです。

社長の話を聴くだけで月収300万円？

ここで、とある僕の士業仲間のエピソードを紹介しましょう。

彼は社会保険労務士（社労士）という資格で開業しています。社労士というのは、会社の雇用関係に関する法規制や社会保険制度の専門家です。

企業の労務管理や社会保険・労働保険手続き、就業規則といった規程類の作成、労働条件などのコンサルティング、労働トラブルの仲裁などを仕事としています。

僕がエピソードを聞いた当時、彼はまだ開業間もないときでした。

それにもかかわらず、たちどころに月額10万円という比較的高額な顧問契約を30件も締結してきたのです。開業間もない若手の社労士が、早々に月収３００万円を達成したわけですから、仲間うちで話題になりました。

僕はさぞかし、膨大な数の手続きや書類の作成、困難な労働トラブルの仲裁を引き受ける契約を締結したのだろうと、心配していました。

ところが、彼は**「ほとんど人の話を聴いているだけだよ」**といいます。

僕は当初、その言葉を比喩《ひゆ》表現として認識していたのですが、あるとき、酒の席で彼のおこなっている顧問業務を詳しくうかがってみました。彼の話では、週に1回、社長の指定する従業員の話を1時間程度ひたすら「うん、うん」と聴くのだそうです。

面談で知りえた従業員の話の詳細は彼の胸にとどめるそうですが、ある程度の時間をかけ、くり返し、くり返し話を聴く中で頻出するキーワード（これは業務のフローの一部か個人名が多い）を社長に伝え、一言「改善案」を提案していたようです。

たとえば、特定の業務フローがあがっていれば「そのフローの見直しを検討してください」とか、問題のある従業員がいれば「その従業員を別の業務に配置してください」といった具合です。

それ以外の面談は、**ただひたすら社長の愚痴を聞かされていただけ**だといいます。彼の顧問業務を詳しく聞いても、たしかにほとんどが「話を聴くだけ」の仕事でした。

「相談相手を見つけられない」社長たちの憂鬱

どうして、このような業務が成り立つかというと、彼の開業した地域が日本でも有数の工業地帯だったからです。

工場では、従業員の定着や業務効率の向上が、会社の業績に大きく影響します。社長にとっては、社労士に支払う顧問報酬より、何倍もの収益向上が実現できるのです。

だからこそ、彼の「話を聴くだけ」という価値提供を受け入れました。

そして、その成功事例の噂は工場の経営者仲間内に口コミで広がり、あっという間に30件もの顧問契約の締結を実現したわけです。

会社や事業者というのは、必要に迫られていても容易に相談相手を見つけられなかったり、部下の人間関係を解消することができなかったりするものなのです。

相談役や顧問という「目の上のたんこぶ」

経営者にとって悩ましい対人関係の問題を考えると、もう一つ思い起こされるのが「相談役」や「顧問」という存在です。

先述したような社労士やコンサルタントとは別に、経営者が相談する相手として相談役という役割があります。

両者の違いを明確に認識している読者は少ないかもしれません。

相談役と顧問は、いずれも「取締役」「監査役」といった会社法上で定められた役割(役員)ではありません。あくまで会社の慣習として契約、設置します。

会社経営で起こる突発的な問題に対して、第三者的な視点でアドバイスを受けるという機能面の立ち位置は、相談役は顧問と同じになります。

決定的に異なるのは、顧問が外部にいる特定分野の専門家であるのに対して、相談役は、もともと「社長」や「会長」だった人間を退任後に就任させるところです。

経済産業省が東証第1部・第2部上場企業を対象におこなった「コーポレートガバナンスに関するアンケート調査２０１８年度版」によると、**企業の社長や会長が退任後に相談役・顧問に就いている企業は40%以上ある**とされています。

まれに「内部顧問」として、同じく社長や会長を退任後に就任させることがありますが、この場合は顧問も相談役と、ほぼ同義で呼称されていると考えていいでしょう。

こう考えると、対人関係の観点で、相談役は問題解決よりも、むしろ経営者にとって負担要因になる可能性があります。社内で部下が抱える「人間関係の課題」や、社長自らが抱える「相談相手がいない」「理解者がいない」に加えて、相談役と部下との板挟みになる経営者の苦労が目に浮かぶでしょう。

「院政」として経営の実権を相談役に握られ、社長は代表取締役にもかかわらず、中間管理職のような立場に追いやられるわけです。

会社法上では、責任を負うわけでもない相談役が実質的に会社を支配し、すべての責任を負うべき社長が、自らの意志で事業を進められない状況は健全とはいえません。

近年、相談役や内部顧問という制度に対し、疑問視する声が多く上がっています。

さらに、こういった状況を踏まえてなのか、東京証券取引所では2018年1月より上場企業に対して、相談役や顧問の情報開示をさせるように制度化しました。

また「コーポレート・ガバナンス（企業統治）に関する報告書」上にも、相談役や顧問の情報記載欄を設けました。

このような経営者の意思決定や責任における透明性の問題は、会社に限らず、先代より事業を継承した個人事業者においても同様のことがいえるでしょう。

社長は「クセつよ」でコミュ障が多い!?

経営者の多くは、心の底から腹を割った社内の人間への相談や、全幅の信頼を寄せて最終決断を他者に任せられないと書きましたが、これには理由があります。

社内の人間にきちんと相談、決断を任すことができる人は、つねに他者と信頼関係を築き続けられる人です。

言いかえれば**信頼関係の構築は、コミュニケーションによる継続力の賜物《たまもの》**です。

継続したコミュニケーションをおこなうためには、相手の発する言葉や情報を積極的に受けとり、相手ごとにあわせた広範囲な情報を、つねに収集している必要があります。いわゆる雑談の得意な人ですね。

心理学的には、こういう人を**「拡散的好奇心の強い人」**といいます。

他方で、経営者は社会に対し、自分や会社が達成すべき目標を打ち立てることが得意な人たちです。明確な目的を持ち、そこに向かって他人を引っ張っていきます。

このような能力に秀でている人は**「特殊的好奇心が強い人」**といいます。

この特殊的好奇心の強い人は、拡散的好奇心が弱くなる傾向があります（反対に拡散的好奇心の強い人は、特殊的好奇心が弱い傾向にあります）。

拡散的好奇心が強い人は、周囲の人間にはたらきかけることや、周囲の人間から情報を引き出すことが難なくできます。

その結果、集団に属することが楽と感じることができます。

一方で、特殊的好奇心が強い人は、ある特定の情報への強い関心、既知となった情報の深掘り、特定の目的達成への問題解決手段を導くことに楽しさを感じます。

広く浅く、無難に全体最適をおこなう必要がある集団に属することが苦手です。

このことから、**拡散的好奇心が強い人は、周囲にあわせた生き方、つまり従業員や部課長に向いています。対して特殊的好奇心が強い人は、周囲にあわせず型にはまらない経営者や、フリーランスのような自立した生き方が向いている**のです。

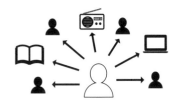

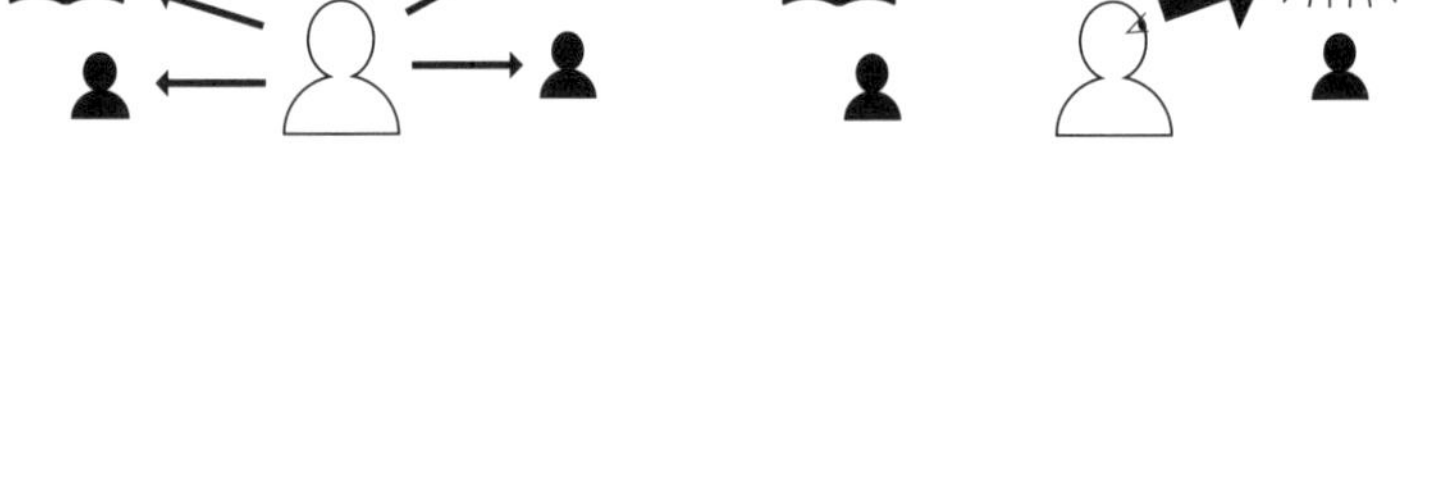

また、特殊的好奇心が強い人は、不明瞭なことや、自らが理解できないことを明確にするまで追求しないと気が済みません。得た知識や情報を自分なりに整理して理解することを好みます。周囲の事情でかき乱されず、自らの納得する形で整理、保有し続けて向きあいたい傾向があります。

これは少し古い言葉だと「オタク気質」というものですが、僕は**「クセつよ（クセが強い）」**と呼んでいます。

これらが、社長や個人事業者、フリーランスになる人が「クセつよ」で「コミュ障」の傾向が強い理由といえるでしょう。

2 「クセつよ」同士が衝突するカオスな場所での動き方

日本には、意外と経営者が多いこともわかった。

経営者が部下と打ち解けられず、同じ悩みや境遇を持つ仲間を欲していることも理解した。

さらに、経営者交流会や経済団体、業界団体など、経営者が集う場所や方法についても知ったので「さぁ、経営者の仲間を見つけにいこう！」と交流会に出かけたところで、大変な現実にぶち当たります。

それは**交流会や経済団体、業界団体はクセつよ社長が交錯するカオスな場所**という現実です。

経営者の交流会や団体は、広く浅く、無難なものではありません。自分のこだわりを重視するクセつよ社長が集まっているのです。彼らは、それぞれの想いが強すぎたり本音で主張しすぎたりして衝突し、傷つけあうなど、たびたび揉めごとが起こります。

集団の中にいると、人は「この場で自分が必要とされている」「この人たちの中で価値のある存在になれている」といった承認欲求を抱くものです。

ましてや、ふだん会社では従業員などから気づかって接してもらっている経営者たちです。一歩引いて相手を尊重することはもちろん、お互い様で尊重しあうことすら難しかったりします。

しかし、人が集団になったとき、最大限の力を生み出すためには、互いをよく知り、互いの個性をそれぞれが活かす状態づくりが重要です。

経営者の集団にも重要な「心理的安全性」とは？

Ｇｏｏｇｌｅが、２０１２年から２０１５年までの４年間におこなった「プロジェクトアリストテレス」という生産性向上の研究プロジェクトがあります。エンジニア以外にも社会学や心理学、統計学などの専門家を集め、極めて精緻に集団における生産性について研究されたものです。

これによれば、**組織や集団の生産性向上には「心理的安全性」というものが最重要と結論づけられました。**この心理的安全性は、集団の中でどんな意見でも主張でき、互いの個性を尊重しあえる状態をいいます。

「いやいや、特殊的好奇心が強く、自立した生き方を求めている経営者に、集団での生産性向上なんて、関係ないでしょ」なんて思われるでしょうか。人が集まった際の心理的安全性がもたらす効果は、次のようなものがあるとされています。

- ストレス軽減やメンタルヘルスケア
- 個々のパフォーマンス（性能・成果・効率）の向上
- メンバー間の情報交換量増加による個々の知識量アップ
- 集団的思考の改善
- 多様な価値観によるイノベーションの創出

いかがでしょうか。これらの多くは、冒頭にお伝えした経営者が交流会などに参加する動機とリンクするのです。

「ヒエラルキー型」と「ホラクラシー型」

さらに僕が注目しているのは、集団的思考を改善しつつ、多様な価値観からイノベーションが創出されるという点です。

多くの会社における人の集団・組織のあり方は「ヒエラルキー型（階層型組織）」といいます。中央集権的なヒエラルキー型の最大のメリットは「１を10」にすることや「10を１００」にすることにたいへんすぐれていることです。

一方、**経営者に求められている役割は、そもそも大前提の「１を生み出す」こと**です。集団の力によって「１を10」「10を１００」にすることではありません。

この「１を生み出す」ことは、集団思考とは対極にあり、多様な価値観が交錯することで生み出されるイノベーションです。これを実現するためには、集団・組織を「ホラクラシー型（自律分散型組織）」にすることが大事だと考えています。

ホラクラシー型は、アメリカの起業家であるブライアン・J・ロバートンが考案した造語です。従来のヒエラルキー型に替わる集団のあり方として提唱されました。**意思決定をトップダウンではなくメンバー全体でおこなうことや、個々のメンバーが主体的に均等に機能するといった特徴があります。**

これこそが、まさに「できる社長の対人関係」の理想でしょう。近年は、時代の変化にあわせ経営者にとどまらず、多くの人々がこのようなホラクラシー型の集団を結成し、イノベーションを起こすといったムーブメントが広がっています。

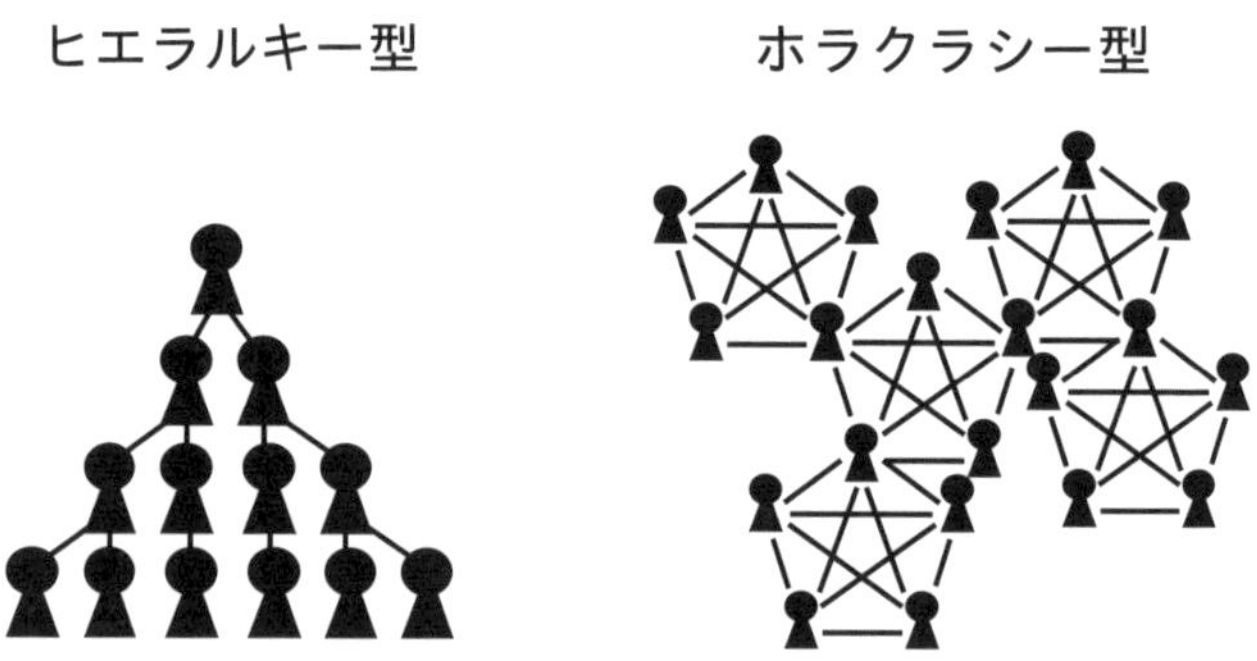

これが世間でよく聞く「オンラインサロン」や「DAO（DecentralizedAutonomous Organization）」です。

時代が生んだオンライン上での交流

オンラインサロンとは、オンライン上で展開されている月額会員制のコミュニティをいいます。またDAOは、オンライン上で暗号資産（仮想通貨）を用いて運営するホラクラシー型のような自律分散型組織です。

さて、オンラインサロンは、主に次の４つに分類されます。

①ファンクラブ型……特定の著名人のファンクラブ形式のもの
②コミュニティ型……同じ興味や関心を持つ人たちが集まり交流・情報交換するもの
③プロジェクト型……特定のプロジェクトを共有し、参加者が共同して遂行するもの
④スキルアップ型……運営者から会員に対し、専門知識やノウハウを提供するもの

このうち、②は異業種交流会や経営者交流会、③④は経済団体、業界団体に近しいコミュニティといえます。つまり、**これまで述べたような異業種交流会や経営者交流会、あるいは経済団体、業界団体に近しい性質を有している**のです。

オンラインサロンの歴史は、2011年ごろまでさかのぼりますが、新型コロナウイルス感染症が拡大した2020年ごろから、オンラインサロンに入会する人が急増しました。これはもちろん、多くの経営者にも当てはまります。

コロナ禍により、リアルの場で経営者交流会や経済団体、業界団体などの勉強会に参加できなくなった経営者は、オンラインサロンやサロン主催のオンラインイベントに、積極的に参加するようになります。

経営者にとってのオンラインサロンは、単純に知識やスキルを学ぶために入会するものもあれば、オンラインサロンが立ち上げるプロジェクトに参加するために入会するものもあります。

オンラインサロンでプロジェクトが立ち上がる場合、著名人や有名企業が参加していることも多いので、経営者にとっては実践的な学びの場になります。

さらに、自らの実績にできることや、場合によってはプロジェクトをきっかけに、新たな人脈やチャンスを得ることも少なくありません。

なお、フリーランスや学生、主婦など、フルタイムで就業できない環境の人も、好きなジャンルの仕事や大きなプロジェクトに関わることができます。

ほかにも、すでにある分野で成功している経営者や、実績を有している個人が、これまでとはまったく異なるジャンルを経験するために入会するケースもあります。

このようにオンラインサロンは、デジタル空間ならではの特徴を活かした、これまでにない化学反応が期待できる交流の場となっています。

ＤＡＯという新世代組織のカタチ

オンラインサロンブームの次に注目されているのがＤＡＯです。

ＤＡＯは２０１６年ごろには提唱されていましたが、日本では２０２２年ごろから急速に注目されるようになりました。

その特徴は、一般的な会社とは異なり「代表者が存在しないこと」や、株式会社における「株主と取締役」のような会社の所有と経営の分離をおこなわず「所有者＝意思決定者＝経営者」という参加者の関係が平等であることが特徴です。

この際の「所有」は、株式ではなくガバナンストークンといわれる暗号資産（仮想通貨）です。そのほか、株式でいう「配当」に相当するソーシャルトークンといわれる暗号資産（仮想通貨）があります。

簡単にいうとガバナンストークンは組織の議決権で、ソーシャルトークンは組織内で使えるインセンティブ（報酬）です。

インセンティブは、特定の企業のみで使えるポイントや、特定の地域で使える地域通貨をイメージするとわかりやすいと思います。

DAOのように代表者が存在せず、メンバーが全員平等に組織の議決権を有して、組織内で活用できるポイントを報酬として運営するという新世代組織のカタチ。これは、「クセつよ」で「コミュ障」の経営者が互いにつながり、情報交換や交流をしながら新しいプロジェクトを遂行するのにもっとも適していると考えられます。

僕も現在、さまざまなDAOの運営を実践中です。

なぜ経営者の交流は衝突が多いのか？

このようにリアルでも、オンライン上でも、現代の経営者は自らを高めるため、あるいは情報交換や心理的安全性を高めるために、容易にほかの経営者と交流することが可能です。

僕も職務上、実際に経営者交流会や経済団体、業界団体、最近ではオンラインサロンやDAOなどにおいて、経営者同士の交流をたくさん経験してきました。

しかし、先に述べたとおり「クセつよ」で「コミュ障」の傾向がある経営者同士の対人関係は衝突しあうなど、たびたび揉めごとが起こることが多いです。

もっとも、決して当事者には悪意があるわけではありません。

経営者に多い特殊的好奇心が強い人は、得た情報を自分なりに整理、保有し、周囲の事情にかき乱されず、独断で目標達成に導きたい傾向があります。そのため、周囲に配慮したり、相手にあわせたりせず、自己主張をストレートにぶつけてしまうのです。

自己主張のぶつけあいによる衝突が、とくに顕著になった背景として、価値観やニーズの多様化があります。

戦後復興から高度経済成長を経て、モノやサービスが充実する中、世の中は量から質へと価値観の多様化が進み、精神的満足の得られる対象が個々に細分化されました。

その結果、**ニーズへの対応や特別感のあるサービス提供を真摯《しんし》に考える各々の経営者が持つ信念、価値観、思考も多様化し、同じ境遇や悩みを持つはずの経営者同士でさえ衝突が生じてしまう**のです。

ここで「あれ？　たしか多様な価値観によりイノベーションが創出されるから、経営者の多様な価値観はプラスになるんじゃないの？」と思われた方もいるでしょう。

社長同士でイノベーションを起こしたいのに……

ここで、実際にあったエピソードをもとにした「たとえ話」をします。

45歳の社長Aさんは、顧客管理システム開発会社を経営しています。元バリバリの営業マンで、長いあいだ会社の売上向上に貢献し、営業部長兼取締役に抜擢《ばってき》され、その後順調にキャリアを築きました。専務取締役にまで昇りつめ、先代の引退とともに社長の後継者に指名され、現在に至ります。

一方で同じく45歳の社長Bさんは、学生時代にさまざまなアルバイトを転々とし、たまたま出会ったベンチャー企業の社長の影響を受けて、学生起業をします。得意としていたコンピュータのスキルを活用して、クラウドファンディングシステムやブロックチェーンシステムなどを開発し、成果をおさめ現在に至ります。

２人は経営者交流会で知りあい、Bさんの提案でAさんの会社が提供する顧客管理システムを活かし、取引に応じた信用情報を付加した新サービスを開発することになりました。Bさんの会社のシステムを活用し、取引履歴にもとづく顧客動向の可視化と、ほかのサービスとの連携を目指すサービスです。

Aさんは、打ちあわせのたびにBさんの会社を訪問し、打ちあわせ後はお決まりの飲みニケーションをしようと誘います。また、メールでBさんから資料を受けとるたびに電話をかけ、資料の記載事項の考え方を事細かに確認します。

さらに12月には、Bさんに高価なお歳暮をおくり、ていねいな手書きの年賀状を送りつつ、仕事はじめには年始のあいさつにおもむきます。

そんな折、BさんはAさんに言いました。

B「あのさ、毎回毎回、会社に来てくれるんだけど、お互いほかの仕事も忙しいし、別にメールで詳細つめてくれたら、それでいいよ」

A「気づかってくれてありがとう。でも大丈夫。俺、今回のプロジェクトにかなり賭けているから。全然、苦にならないよ」

B「そうじゃなくてさ。打ちあわせだって、別にオンライン会議でよくない？　わざわざ会ってミーティングすると、その前後の時間もムダになるし……」

A「平気だよ。俺はもともと営業していたから、足を使うことの大事さは身に染みてわかっているから」

B「大事？　何が大事なの？　ぶっちゃけ、来られるほうが迷惑だって言っているんだけど。今回の肝であるシステムの設計に集中できない」

A「迷惑って……。お互いの信頼関係を築くには、こうやって実際に顔をあわすほうがいいに決まっているじゃないか」

B「いや、言っていることはわかるんだけど、なんかムダじゃない？　だいたい、Aはそのあと毎回、飲みに誘ってくれるけど、いつも断っているんだから、俺が行かないのわかるでしょ？　あとさ、資料をメールで送るたびに電話で詳細確認されるのも困るんだよ。読んだらわかることばっかり聞くし」

A「大事なプロジェクトなんだから、お互いの解釈違いがあったら大変だろう？　資料だけ読むより、ちゃんとお互いの言葉で確認しあわないと！」

B「それなら、別にメールで返信すればいいじゃん。電話とメールで、その『お互いの言葉』ってのは変わるわけ？」

A「変わらないけどさ。文字だけ送って終わりってどうなの？　礼儀としてさ……」

B「礼儀？　今やっている仕事に、礼儀とか関係ある？　そうそう。あのお歳暮とか年賀状とかも、マジやめてほしいんだけど。お返し考える時間がもったいない」

A「おいおい！　お互いさ、大切なビジネスをやっていくパートナーなんだよ。相手を尊重しあわなくてどうするんだ？　信頼関係を築けないと、こんな大きいプロジェクト進められないって！」

B「いや、だから！　プロジェクトの成否と礼儀と、何の関係があるんだよ！」

互いの価値観が真逆すぎるとうまくいかない！

Aさんと Bさん、ともに主張していることがおかしいようには見えません。それでも、このやりとりを見ているだけで、2人のプロジェクトがうまく進まないことはあきらかです。

2人の扱うサービス自体は、とても相性がよさそうに見えますし、実際、互いが納得して進めることになったわけですから、もっとうまくいきそうなものです。

Aさんと Bさんがうまくいかない理由、それは「互いの価値観が真逆すぎるから」です。

ともにコンピュータを使ったサービスを扱う会社であるにもかかわらず、2人の価値観は真逆です。大切にしているものの軸がまったくかみあわないのです。

Aさんは「人と人との信頼はこうあるべき」ということをビジネスパートナーに求めています。一方、Bさんは「互いのサービスの相乗効果はこうあるべき」ということを大事に考えるあまり、Aさんが求める信頼関係のイメージが理解できません。

経営者になる人間は、特殊的好奇心が強いということを書きました。

たたき上げの営業マンだったAさんは、人間としての信頼関係を強めることで売上を上げていくという「営業スキル」に対しての特殊的好奇心が高まった結果、その成功体験が大きな価値観になっています。

アルバイトを転々としていたBさんは「人の相性よりも、生み出すサービス自体の価値」に特殊的好奇心が高まった結果、新しいサービスを世に発表し、成果を出してきた成功体験が大きな価値観になっているのです。

両者の価値観は、真逆に位置します。

具体的な相関関係は第4章で述べていますが、**価値観があまりにも真逆すぎるクセつよ同士は、イノベーションをうまく創出することはできない**のです。

なぜ「よかれと思って」がうまくいかないのか？

くり返しになりますが、人と人が衝突する際、当事者は決して悪意があるわけではありません。言いかえれば、双方とも「よかれと思って」言動しているのです。

本章の冒頭で「経営者こそ仲間が必要」だと述べましたが、そもそも仲間とはいったいなんでしょうか。**仲間とは簡単にいうと「一緒に物事に取り組む人」をいいます。つまり、同じ方向を見て目的を共有する相手**です。

仲間に似た言葉で「友だち」という言葉がありますが、友だちとは「一緒にいることで楽しめる人」です。向きあった関係のため、互いの尊重が大切になります。

このことから、仲間という関係性は、互いの尊重よりも「共有している」目的に対して「よかれと思う」言動をとることになります。

いうなれば、間接的に相手のことを考えているわけです。

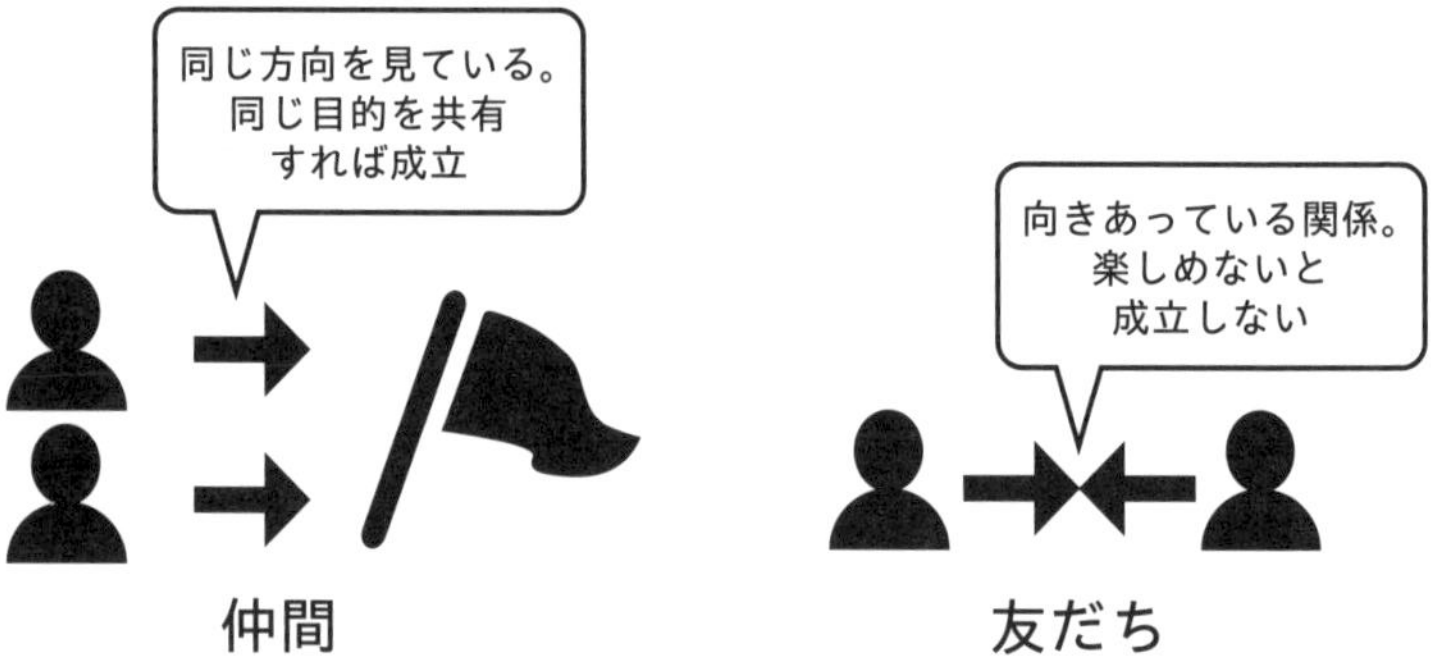
同じ方向を見ている。同じ目的を共有すれば成立
仲間
向きあっている関係。楽しめないと成立しない
友だち

先ほどの例であればAさんは、互いの目指すプロジェクトの成功のために「よかれと思って」信頼関係の構築を重視する言動をとっていました。

他方でBさんは、互いの目指すプロジェクトの成功のために「よかれと思って」新サービスの価値を上げるために、互いが尽力すべきという言動をとっていました。

こう考えると、やはり双方とも悪意はなく、ただただ自らの価値観にしたがい、真摯にプロジェクトに向きあっていたということがわかります。

悪いのは社長ではなく、価値観の違いにすぎないのです。

3／価値観には6タイプがあり、相性がある

前項で述べたように、**価値観は対人関係において非常に重要な要素**となります。ヒエラルキー型のような、一般的な会社や組織での対人関係なら、それぞれが担うべき役割（機能）に適した人同士がつながれば、うまくいくことが多いでしょう。

これはジグソーパズルのように「ピースがあうか、あわないか」ということです。あえば、その場所で活躍でき、あわなければ別の部署に移るか、転職をするという選択肢を選ぶことになります。

一方で、経営者同士の対人関係は、それぞれが「クセつよ」であり、お互いが譲れない価値観を有しています。しかも経営者は、従業員のような異動や転職ができません。

ですから、**経営者同士の関係は、パズルではなく、ブロック玩具を組み立てる関係性として考えるとわかりやすい**でしょう。

さまざまな価値観を持つ「クセつよ社長」同士が、互いの価値観を理解する。ピースがあう、あわないではなく、それぞれの色と形を活かせる最善最適な組みあわせを見つける。AさんとBさんの形があわないのであれば、AさんにもBさんにもあうCさんをあいだに入れて組み上げる……。**これこそが「できる社長の対人関係」になります。**

この組みあわせが有機的に機能しつつ

ブロック玩具型対人関係

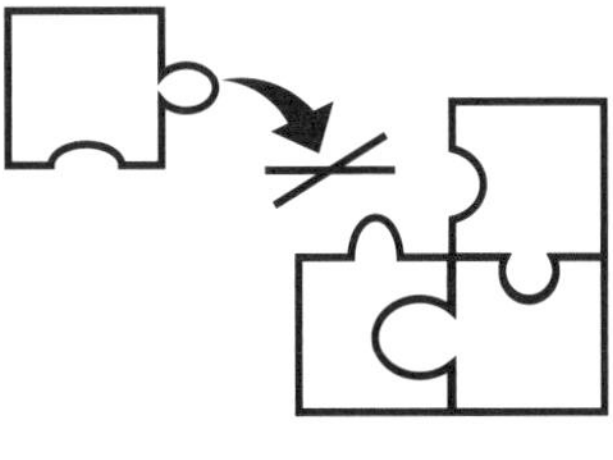

パズル型対人関係

も、なるべくシンプルに「秒」で考えられるようにするために、本書では価値観の種類を、たったの6種類に分類するだけでいいように構成しています。

　第2章や第3章で詳しく解説しますが、この分析方法は、まず、その人の観点が「客観型」か「主観型」かの軸で考えます。次に、その人の行動原理が「伝統的」か「革新的」かの軸で考えます。すごくシンプルですが、この2本の軸をもとに座標をつくり、相手の観点と行動原理が、座標のどこに位置するのか調べて6タイプを導きます。

　こうして分類された6タイプは下図のとおりです。

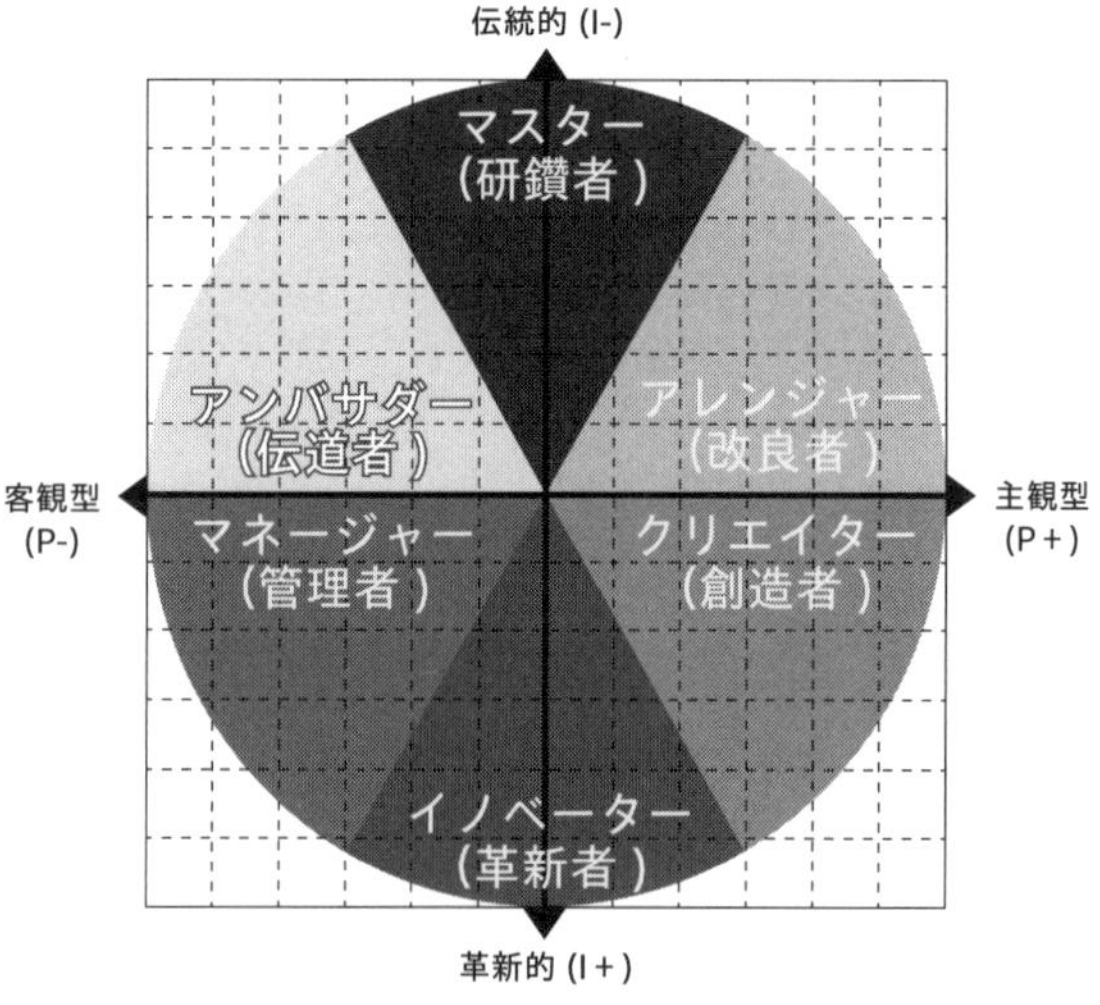

「クセ立てリング」でクセつよ社長たちを口説け！

僕は、この図をクセつよの「クセ」を立てる関係を示した「輪」ということで「クセ立てリング」と名づけています。

クセ立てリングの見方ですが、タイプごとに「相性が悪い組みあわせ」や、「相性のいい組みあわせ」があります。たとえばマスターは、教わったことを研鑽《けんさん》し続けること、ルールや規律を守ることを重視します。既存のルールや考えを壊そうとするイノベーターとは非常に相性が悪いです。

このように、**クセ立てリングの正反対にいるタイプは相性が悪い**ことを意味します。そんな社長2人が組んで新しい企画を考えようとしても、決してうまくはいきません。

一方、アンバサダーは既存のルールや規律を伝達することや、相手や環境にあわせて拡散することを得意としているので、マスターとの相性がいいです。

マスターは自身の大事にしているものを広げるアンバサダーをありがたく思い、アンバサダーは自らの拠りどころを深めてくれるマスターを信頼するでしょう。

長期間、形式を変えずに継続的にこなすビジネスなら、マスターとアンバサダーが組むことで高い成果が導けます。

同様に、ほかのタイプも、**両サイドのタイプは活かしあう関係**となります。

ある業界を変えていく――。そんなときに活躍するのは、アレンジャーです。アレンジャーは、つねに与えられた学びやルールに疑問を持ち、考え続けるタイプです。マスターとアンバサダーだけでは、決して実現できない業界の変化も、アレンジャーがいれば思考の幅が広がり、いい結果を導きます。

老舗《しにせ》のような古くから受け継がれる会社が多い業界は、マスターとアンバサダーが中心でうまく回っています。僕が所属している行政書士のような士業の業界も、どちらかというとその傾向があります。

しかし、近年デジタル庁という新しい役所ができ、これまでの行政手続きがデジタル化され大きく変わろうとしています。

こんな前例や常識を破壊するために必要なのはイノベーターです。イノベーターは「クセつよ」の中でも群を抜いた「クセつよ」で、多くの社長から理解されにくい存在です。

もともと、マネージャーかクリエイターだった人が、特殊的好奇心を爆発させ、革新性を極め続けることで到達している印象があります。

マネージャーが自らの考えを昇華したり、クリエイターが客観的な視点を得て、革命を起こしうる存在として君臨します。このことからもイノベーターは、規律や伝統を大事にするマスターとは相性が悪いわけです。

こんなふうに、本書では、これから「クセつよ社長」たちと関わっていく方々が、この「クセ立てリング」を使って６種類の価値観のタイプを分析し、誰でも簡単に理解、活用できるようにしています。

クセ立てリングを自分のものにして、社長や個人事業主、フリーランスといった「クセつよ」な経営者たちと、良好な対人関係を築いてください。

もし、あなたが経営者でなくとも、経営者と関わる可能性があるなら、僕がこれまでの経験で身につけた「社長の口説き方」についても第５章でお伝えします。

それでは、次章から具体的なタイプ別の対人関係攻略法をお話ししていきましょう。

第2章／相手の価値観を活かして調和をはかろう

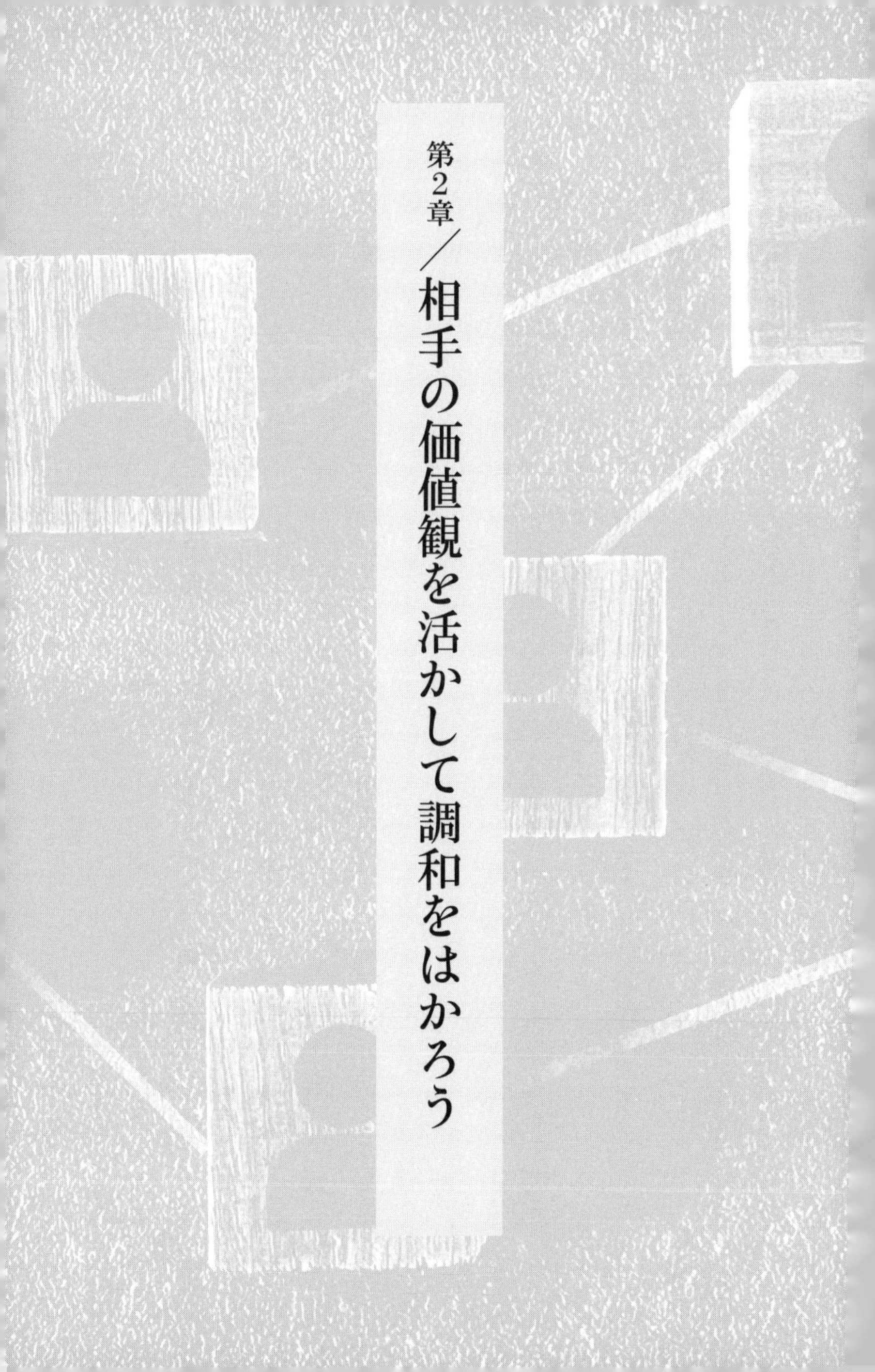

4／人は互いに異なる価値観を有している

クセつよな経営者同士が、互いの価値観を理解し、互いを活かしあうことの重要性をお話ししましたが、経営者に限らず、誰でもさまざまな価値観を有しています。

さらに、経営者同士の対人関係について、最善最適な組みあわせをして有機的に機能する状態を、ブロック玩具型の対人関係と称しました。

これは、通常の対人関係の場合であっても重要な考え方で、対人関係に調和がとれている状態と考えています。

アダム・グラントの『ＧＩＶＥ＆ＴＡＫＥ』（楠木建監訳、三笠書房）という本をご存じでしょうか。この本では、対人関係において相手に利益を与えることを前提とし、受ける以上に与えようとする人を「ギバー」。反対に、つねに与えるより多くを受けとろうとする人を「テイカー」。受けとった分だけ与えようとバランスをとる人を「マッチャー」と定義づけしています。

この本によると、世の中の多くはマッチャーで56％を占めている。次に多いのがギバーの25％。しかし、25％のギバーは「成功するギバー」と「搾取されるギバー」に分かれ、全体のうちもっとも失敗するのが最下位の「搾取されるギバー」、**いちばん成功しているのが「成功するギバー」なので、これを目指そう**といっています。

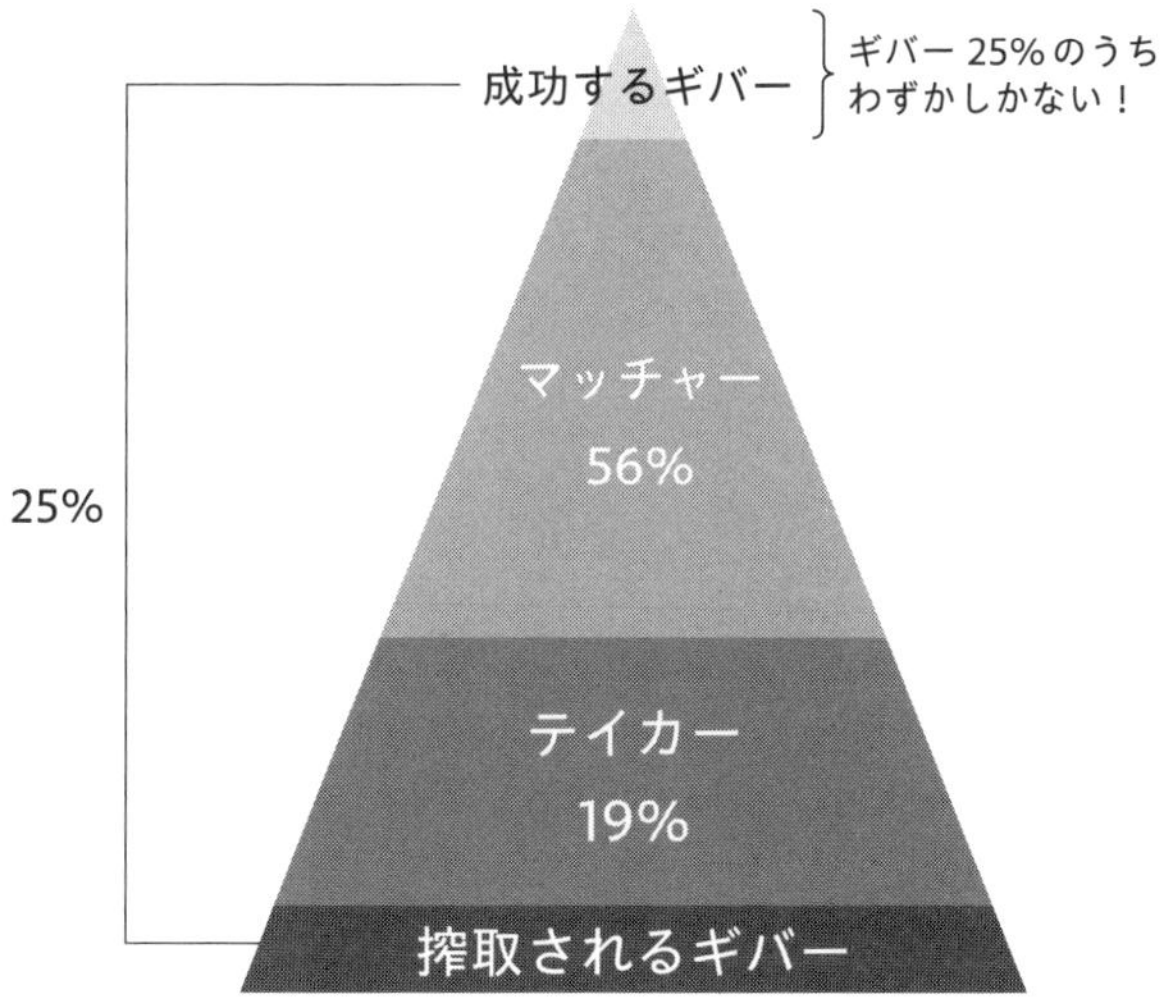

これらを踏まえると、調和のとれた対人関係はマッチャーっぽくて、そんなにうまくいかない状態に思われたかもしれません。

ですが、ここでいう調和の対象は、利益やメリットではなく価値観なのです。『GIVE&TAKE』で定義づける「成功するギバー」の特徴は次の3つです。

①達成的である（与えることが自分へのメリットでもあることを理解している）
②計画的である（与えるタイミングや条件が明確である）
③自主的である（与える対象を選び、与えたくない相手には与えない）

これらの特徴は、価値観の調和がとれた状態でこそ実現しやすいと考えています。

互いの価値観のバランスが合致しているからこそ「相手に与える＝自らのメリット」になると判断し、達成的でいられます。互いの価値観が理解できているからこそ、与える条件やタイミングを適切に計画することができます。

さらに、価値観の調和がとれる相手にだけ与えると決めれば、自らの与える行為が自主的でいられるわけです。

そこで本章では、互いの価値観を活かして調和をはかる秘訣《ひけつ》をお伝えしていきます。

価値観はどのように決まるのか？

ここまでずっと価値観の大切さをお話ししてきましたが、そもそもの価値観の解釈について、ここであらためて詳しくお伝えしたいと思います。

「はじめに」では、価値観は「何を大切に思い（反対に何を大切に思わない）」「何を優先し」「何に喜び」「何を嫌い」「何に怒り」「何をおそれる」などといった、その人にとっての行動基準や判断の動機となるものとお話ししました。

価値観という言葉は、あらゆる場面で聞いたり使ったりする言葉ですが、案外、明確に価値観について考えたことがある方は少ないかもしれません。

価値観という言葉をもっとシンプルに表現すれば物事に対して、どう感じたり考えたりするかという人によって異なる価値の置き方となります。

たとえば、目の前に白くて小さいチワワがいるとします。

このチワワを見た人が、感じたり考えたりすることは千差万別です。心やさしい女性なら「小さくてかわいい！」と、なでたくなるかもしれません。格闘技が大好きな男の子なら「こいつ、何プルプル震えているんだ！　俺が鍛えなおしてやる！」と考えるかもしれません。

子どものころに、犬にかまれて大けがをした経験のある人なら「犬だ！　怖い、少し離れよう」と、あとずさりするでしょう。

お笑い芸人を目指し、つねにギャグを考えている人なら「白い犬は尾も白い（おもしろい）」とくだらないダジャレを思いついたかもしれません。

同じチワワに対する考え方や感じ方も、人によってこんなに異なります。

このように価値観は、その人の育った環境や性別、世代、家族構成、社会的要因、文化的要因などで大きく異なります。

心理学者のエリク・H・エリクソンは、人には「乳児期」「幼児期」「学童期」「青年期」などの成長過程に応じた「発達課題」があるとして、発達課題に対して得られる「人格的活力」を整理しました（次ページの表）。

たとえば、乳児期には「基本的信頼と不信」に出くわし「希望」という活力を得る。幼児期前期には「自律性と恥・疑惑」に出くわし「意志」を得る。幼児期後期には「自発性と罪悪感」に出くわし「目的」を得る……といった具合です。

この「発達課題」の中でも、13歳～22歳ごろの「青年期」は、とくに理想と現実のギャップに向きあい、自分の大きな価値観を形成する時期とされています。

こうした過程を経て形成される価値観は、その人にとって軸ともいえる「信念」にさえ強い影響を与えていると考えられます。

エリクソンの「ライフサイクルごとの発達課題と人格的活力」

年齢	成長過程	発達課題	人格的活力
0～1.5歳	乳児期	基本的信頼 VS 不信	希望
1.5～3歳	幼児期前期	自律性 VS 恥・疑惑	意志
3～6歳	幼児期後期	自発性 VS 罪悪感	目的
6～13歳	学童期	勤勉性 VS 劣等感	有能感
13～22歳	青年期	自己同一性 VS 自己同一性の混乱	忠誠
22～40歳	成人期	親密性 VS 孤立	愛
40～65歳	壮年期	生殖性 VS 停滞	世話
65歳～	老年期	統合性 VS 絶望と嫌悪	英知

クセには価値観と信念が与えている影響が大きい

その人の環境や生まれ持った条件などにもとづき、青年期までに形成される価値観は、さらに人の「考え方（思考）」や「言動（反応）」に大きな影響を与えます。

次ページの図は、僕がコンサルティングでお伝えする「日ごろのビジネスや学びの場」で成果を出すために必要な、マインドセットのアドバイスをする際に用いている図です。成果とは「果実が成ること」ともいえます。果実が成っている木を育てるために、必要な三大栄養素としてあげているのが「反応」と「思考」と「価値観」です。

その中でも**「価値観」はもっとも土台になるもの**と考えています。

日ごろ、対人関係で容易に相手をはかれるのは「目に見える成果」です。それは「所属する会社」や「会社の業績」「個人の経歴や実績」「肩書」「収入」「成績」「資格」「賞罰」など、ほとんどが見える化、言語化されています。

次に、少し意識すれば知ることができるものは、その人の「反応」です。

反応とは、見たものや言われたことに対して生じるその人の言動です。「何を話すか・話さないか」「どんな行動やリアクションをとるか・とらないか」などですね。一般にいわれる「喜怒哀楽」の多くも、この反応に含まれるでしょう。

通常、**対人関係において容易に知れるのは、この「成果」と「反応」**です。

一方で、さらに工夫すれば知ることができるのは「思考（考え方）」です。質問やインタビューはもちろん、その人のスピーチや作成した文章、描いた図や絵などから思考を知ることができます。

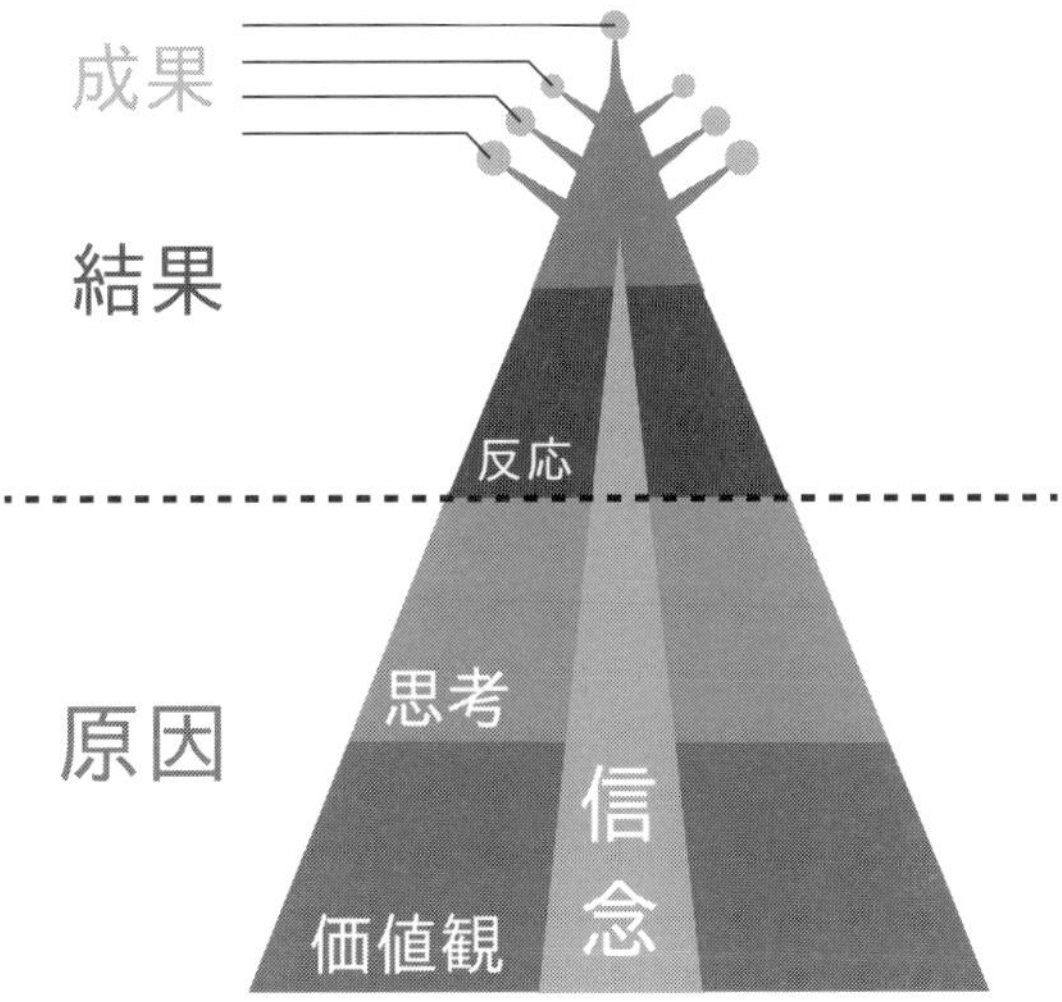

逆にいえば「思考」は、探ろうとしなければ知ることができません。思考は、その人の「価値観」に大きく影響を受けています。その人の思考が、その人のあらゆる「反応」に影響を与え、その人の「反応」の蓄積が目に見える「成果」になっています。

さらに、人の価値観、思考、反応、成果には、一本の芯として「信念」があります。信念が軸になることから、その人の「らしさ」の骨組みになるのが信念です。

つまり「クセつよ」と表する場合の「クセ」とは、その人の骨組みと、それを肉づけした「らしさ」を指しています。**クセが強いとはその人らしさが強いということです。**

強烈な「クセ」には「価値観」と「信念」が与えている影響が大きいともいえます。

本書のタイプ分析の基本は、この原理をもとにしています。相手の成果や言動から、その人の考え方を推察し、価値観を探ることが基本です。

「価値観の多様化」とはどういうことか？

近年、よくいわれる表現として価値観の多様化があります。

また、価値観の細分化という表現もあります。

一口に価値観の多様化といっても、実際に人々の価値観がどのように変化したのかわかりにくいでしょう。その点、価値観の細分化はわりとイメージしやすいですが、多様化との違いとなるとやはり難しいものがあります。そこで、価値観の6タイプ分析をお伝えする前に、一般的な価値観の枠組みを整理します。

価値観は、その人の育った環境や性別、世代、家族構成、社会的要因、文化的要因で異なります。**とくに育った環境や、その時代の社会的要因・文化的要因で形成される価値観の違いは大きいです。**

日本では、戦後から復興し、高度成長期に入るあたり（1940年代～1970年代）まで、国民の嗜好《しこう》や考え方はかなり画一的でした。いってみれば「十人一色」です。やがて、1980年代ごろから国際化と産業構造の変化が進み、また規制緩和や公社の民営化なども進んでバブル経済へ突入しました。そのような社会情勢の中で生まれたモノの豊かさに比例して、個人重視の価値観が広がります。まさに「十人十色」です。

そして近年は、移動手段、通信手段、科学技術などが進展しました。国際化や産業構造の変化もますます加速しているのです。個々人があらゆる選択肢を持つようになったといえます。これはすなわち「一人十色」の時代です。

この「一人十色」になった状態を、価値観の多様化と考えることができるでしょう。さらに年々、提供されるサービスや製品の種類が膨大に増え、さらにはワークスタイルやライフスタイルも複雑になります。情報化社会・デジタル社会が訪れ、個人の選択肢がさらに膨大・複雑になりました。

もはや現代は「一人百色」時代といえます。これが「価値観の細分化」です。

では、具体的に価値観がどのように多様化し、細分化したのでしょうか。

経済動向から見る各世代別「価値観の変化」

もっともわかりやすいのは、経済動向を踏まえた価値観でしょう。

戦後は、企業による商品の大量生産や大量販売、テレビを中心としたマスメディアの発達に大きな特徴があります。モノ不足でしたから、企業は商品提供中心の発想で大量生産技術を確立しました。限られたメディアで広告宣伝すれば即売れる時代です。そのため多くの国民が、所有欲求を前提とした機能性重視の価値観を有していました。

やがて、１９７０年代ごろから、オイルショックの影響などがあり消費が落ち込みます。その結果、供給過多の状態が続きました。単に製品を作るだけでは売れない時代へと突入したわけです。

そこで企業は、消費者が本当に求めているものは何かを真剣に考えました。いわゆる消費者のニーズ中心の時代で、国民の価値観は成長欲求を前提とした感情重視に変化していきます。

１９９０年代に入るとインターネットが、２０００年前後からはＳＮＳが普及します。これを機に、企業と消費者の関係性も大きく変化し、国民それぞれが企業の「社会的価値」を評価しはじめます。そこで人々が、企業の社会的価値構築や成長に関与したいと思いはじめるのです。いわゆる企業のミッション・バリュー中心の時代です。

やがてツイッターやインスタグラム、ユーチューブなど、個人発信が誰でも容易におこなえるようになります。それにともない、国民は創造欲求を前提とした自己実現の価値観を強めます。消費者の立場として単に商品を購入するだけでなく、購入することで自らの創造的な気持ちを満たすようになるのです。

ＳＮＳのような個人発信の影響力が強くなると、フォロワー数、エンゲージメントといった新しい価値観が生まれ、口コミや、インフルエンサーのような企業側のコントロールできない新たな信頼の指標も生まれます。ビットコインやイーサリアムといった暗号資産（仮想通貨）で取引する個人も増加しました。

身近なところでは、Ａｍａｚｏｎ、メルカリ、Ａｉｒｂｎｂ、ウーバーイーツといったプラットフォーム上に限定した信頼のモノサシも登場しています。これは価値のモノサシ多様化の時代といえるかもしれません。

近年では、ＩｏＴ、ＡＩ、ロボティク

経済動向と価値観の変化

時期	背景	動向	価値観
戦後～70年代	モノ不足・大量生産大量販売	製品中心	機能性重視
70～90年代	消費落ち込み・供給過多	顧客中心	感情重視
90～2000年代	PC・インターネットの普及	使命中心	社会的価値
2000～2019年	SNSの普及とスマホの登場	人間中心	自己実現
2019～2022年	DX・ブロックチェーン台頭	デジタル中心	多様化
2023～	生成系AIの普及	アフターデジタル	人間の意義

ス、仮想空間（ＶＲ）、拡張現実（ＡＲ）といった、これまで考えられなかったテクノロジーが加速度的に進化しています。

人間の能力をはるかに上回るテクノロジーの登場で、人々は「成長」や「卓越」を目指すこと自体に疑問が生まれつつあります。

そんな中、人間という存在そのものに意義を見出そうとする価値観（どう楽しむか、人の幸福とは何か）が強くなってきています。

以上のように、詳しく経済動向に即した国民の価値観の変化を見てきましたが、これらは本書でお伝えする６タイプの価値観の前提にもなっています。

価値観は学童期と青年期に形成される

経済動向に即した価値観を見る中で、世代ごとの価値観があまりにも違うことに気づいた方も多いのではないでしょうか。

イギリスのＳＦ作家の唱えた「ダグラス・アダムスの法則」というものがあります。

・自分が生まれたときに存在したものは自然に世界の一部と感じる
・15歳から35歳までに発明されたものは革新的で刺激的に感じ、その分野で自分のキャリアを積める
・35歳以降に発明されたものは不自然で受け入れ難く感じる

もちろん、50代や60代でも、新しいものを自然ととり入れている方はたくさんいます。そのため、１００％すべての人に当てはまるとはいいませんが、当たらずとも遠からずと思いませんか。

エリクソンのライフサイクルごとの発達課題でも、13歳～22歳に自分の大きな価値観を形成するとあります。幼児期、学童期に当たり前と感じているものを下地に、青年期に出会う新しいものに影響を受け、自らのキャリアを築くことはよくあるでしょう。あなたのまわりにいる経営者、これから出会う経営者も、学童期に形成した常識をもとに、青年期に出会った革新的なものに影響を受けて価値観を形成しているはずです。

これらをざっくりまとめた「世代ごとの価値観のカテゴリ」があるのをご存じでしょうか。主に海外で用いられていたものですが、近年は日本でも多用されていますので、先ほどの経済動向の変化を前提に解説してみましょう。

▼ベビーブーマー世代

戦後から1970年代ごろまでに学童期・青年期だった世代を指します。大量生産・大量消費を特徴とする繁栄期に育ったことから、テクノロジーは生活改善の手段と考えています。

また集団主義なところがあり、**戦後の焼野原から復活をとげてきた時代を見ていることから、物事の「達成」に対しての幸福感を強く感じる**世代といえます。

▼X世代

1970年代ごろに学童期・青年期だった世代を指します。国際化を目の当たりにし、ヒト・モノ・カネの流動性の高まりを経験しています。これにあわせた競争社会ど真ん中で育っており、ベビーブーマー同様「達成」に幸福感を感じます。

同時にワークライフバランスという、**仕事と私生活の棲み分けにもこだわる傾向にあり「快楽」の幸福感も強く持つ**傾向にあります。

▼Y世代

インターネットやSNSを学童期・青年期に経験している世代です。僕もギリギリY世代になります。お金や富よりも、体験や生き方、付加価値を重視する傾向にあり、学びに対する熱意や教養の高い世代といわれています。

また、容易にオンラインを体験できたことで、情報収集による深掘りや仲間とのつながりを大切にする傾向があります。その結果**「没頭」することや、「人間関係の構築」に幸福を感じる人が多い**のが特徴です。

▼Z世代

SNSを当然に使い、テレビよりもYouTubeとともに成長してきた世代です。テクノロジーがなかった時代を知らない世代でもあり、デジタルネイティブ世代ともいわれます。ベビーブーマー世代やX世代がSNSを目的でとらえ、Y世代がSNSを手段でとらえているのに対して、Z世代はSNSを標準環境と見なしています。

また、X世代がワークライフバランスに価値を置くのに対して、Z世代はワークライフインテグレーション（仕事とプライベートの融合）に価値を置きます。

これらのことから**「人間関係」に加えて「意味合い」に幸福感を見出そうとする傾向が強い**と感じます。

▼α（アルファ）世代

次世代を担う世代をα世代といい、どのような特徴、価値観、消費行動をとるのかが注目されていますが、まだ「これ」と決めつけることが難しい世代です。

ですが、**本書で提案するような「クセ」を前面に出し、自律分散的に人同士がつながり仕事をするというのは、α世代にとっては当然ともいえる生き方になる**でしょう。

そういう意味でも「できる社長の対人関係」のメソッドは、これからの時代に必須の手法として、ぜひ身につけていただきたいです。

そのほかにもある！　さまざまな価値観

これまで触れた経済動向にともなう価値観の変化や、世代ごとに異なる価値観以外にも、さまざまな価値観の考え方があります。

▼性別による価値観

ジェンダー平等やＬＧＢＴＱ＋（レズビアンやゲイなど性的マイノリティといわれる総称）への理解が国際的にも深まっていますが、まだ実際に性別に対する価値観は人によって大きく異なる印象です。

たとえば、内閣府男女共同参画局の調査によれば、企業における役員に占める女性の割合はまだまだ15％ほどです（２０２１年４月時点）。日常的にも「男らしくない、女らしくない」という言葉は、いまだによく耳にする言葉です。

しかし、男らしいとか、女らしいとか以前に、**同じ人間としてどうであるかが、「クセ立てリング」分析の前提**でもあります。

▼立場による価値観

立場や権力を有していることが、価値観の形成に大きく影響を与えます。

エジプトのピラミッドには、象形文字で「最近の若いものは」と現代でもよく聞く落書きがあるそうです。これは一説では、人類共通の承認欲求として、老いや衰えに対する葛藤からの保身や、自らの立場を守りたい意識のあらわれとされています。

また、人には役割効果という心理作用があるといわれています。現代では禁止されていますが、昔「スタンフォード監獄実験」という実験がありました。監獄そっくりの施設で被験者を囚人役と看守役に分け、その行動を観察する実験ですが、やがて看守役の行動はどんどんエスカレートし、残酷で非人道的になっていきました。最終的には、非常に危険な状態におちいったと判断され、予定を大幅に短縮して実験は途中で中止となったのです。

このように**人間には、場合によっては与えられた役割に無意識にあわせ、価値観すら変えてしまう可能性がある**とされています。

▼文化・慣習による価値観

国籍や人種が異なれば、慣習や価値観も大きく異なります。

たとえばビジネスの場面でも、日本人と外国人で価値観の違いを感じることがあります。打ちあわせの予定があったとして、日本人は5分前には現地に到着しようとしますが、中国人や南米人などは遅れてくることを悪いとは思わないそうです。

権利意識などの場面でも同様で、たとえば京都で家屋を買い、住宅宿泊事業をしようとします。日本人は、まず近所づきあいを意識し、近隣住民への迷惑軽減を先に考えます。しかし、欧米人は「自分が買ったものを自分が好きに使って何が悪い」という価値観を押し通し、近所トラブルになることが多かったです。

こういった価値観の違いは、外国人とのあいだだけではなく、日本人同士でも地域ごとに大きく文化や慣習は異なることでしょう。

ただ、**これらは単なる慣習の違いで、いわゆる「よい悪い」の問題ではないことに注意が必要**です。自分にとってスタンダードな慣習を相手にも強要すると、関係悪化の一因になることがあります。

複雑な価値観を「メタ認知」しよう

ここまで、さまざまな価値観を見てきましたが、じつはこのような複雑な価値観をすべて理解し、お互いを活かす必要はありません。

これからお話しする「できる社長の対人関係」メソッドは、ここまでのさまざまな価値観を踏まえているからです。

ですから、それぞれを事細かに理解する必要はありません。

ここまで詳細な価値観をとり上げた理由は、こういう複雑な価値観を前提に、本書ではあえて６タイプというざっくりした分類にとどめていること。そして、対人関係の調和を実現するには、それだけでも充分であることを強調したかったからです。

対人関係で、とても重要なことは、複雑な価値観を「メタ認知」することです。

メタ認知とは「物事を俯瞰《ふかん》的に分析できること」をいいます。

この俯瞰には、自分自身の客観視も含みます。

メタ認知力を身につけることで、次のような効用があるといわれています。

・細かい情報に振り回されず、本質を見抜ける
・具体的な情報を構造化して、分析できる
・周囲に対して適切な距離をとり、円滑な人間関係を築ける
・かたよった思い込みがなくなり、多様な価値観を受け入れられる

これらは、対人関係で調和を実現するための要素を満たします。

そこで次項からは、価値観のメタ認知である6タイプ別分析を、さらに抽象化したベース部分にしぼってお話しします。

6タイプ別分析ほどの精度はありませんが、これからお伝えするベースを活用するだけでも、かなり実践的に対人関係を円滑化することができます。

5／対人関係を「秒」で攻略するコツ

価値観が複雑で、たくさんあることを知った方は、おそらく「人の価値観を見抜くには時間がかかる」と感じられたはずです。

しかし、それは誤解です。経営者交流会や取引の際、あるいは自身の会社やお店への来訪など、初対面の経営者と対峙する場面はよくあります。そんな場面で、**相手経営者の価値観をパッと見の「秒」で見抜くことは容易**です。

くり返しますが、価値観から人の考え方がつくられており、その考えにもとづいて、さまざまな反応をして成果を生み出すのが人間です。逆にいえば、相手の成果や言動から、その人の考え方を推察し、価値観を導くこともできるのです。

ですから「秒」で相手の価値観を見抜き、攻略することは難しくありません。

それを可能にするのが、これまでお伝えした「さまざまな価値観の存在を知ること」「それらをメタ認知した枠組みの理解」です。

さらに「相手と対峙した際に置かれている状況や目的から、さまざまな価値観がどのように抽象化され表出するのか、その分析を客観的におこなうこと」も大切です。

こういうと**難しく感じるかもしれませんが、じつは一般的な社会人なら誰でもできること**です。イメージしやすいように例をあげてみましょう。

たとえば、仕事上の取引先と会食する場面があるとします。この場合、置かれている状況と目的はいろいろあるでしょう。

①自分が相手に、何か商品やサービスを提案したいから時間をもらった
②相手が自分に、何か商品やサービスを提案するために、要望され時間を割いた
③互いが経営者交流会やオンラインサロンで知りあい、関係を深めるためサシ飲み

仮に①の状況として、複雑な価値観で理解しようとすると、手間暇がかかります。

相手の会社がどのような経済動向の時期に設立されたのか。その際のスタンスは続いているか。現在の経済動向にあわせて方向転換しているか。会食相手個人は何世代か。社内ではどのような立場なのか。家族構成、文化・慣習はどのような人か……。

これらを一気に知ろうとしても難しいですし、知れても詳細な情報にとらわれすぎて、本質的な価値観を見落とします。じつは前項でお伝えした詳細な価値観は、この指標の分析をするための材料として、知っておくといいくらいの知識でしかありません。

逆に、30秒から長くても3分程度で瞬間的に相手や会社の情報を引き出し、抽象的な整理と客観的な分析ができれば、正しい対応を「秒」で判断できます。

・取引先の会社が保守的なのか、先駆的なのか
・相手は主観的なのか、会社の方針にしたがうのか、またはトレンドを意識するのか
・他者（自分や第三者）への関心が強いのか、利己的なのか

非常にざっくりとした指標ですが、相手を口説くためには詳細な価値観を引き出すよりも、これくらいのほうが適切な対応ができるのです。

実際、僕はこの考え方でこれまで多くの経営者と対峙し、信頼いただいて、一緒にお仕事することができました。方法論さえ知れば、誰にでもできると考えています。

そのためには、まず次にあげるシンプルな2つの軸を理解することが基本です。この基本の軸を自分のものにし、第3章以降のクセ立てリングを活用した分析まで修得すれば、あなたの対人場面による判断力は確実にアップします。

それでは、価値観の指標となる基本軸の説明をしましょう。

人の観点は「客観型」と「主観型」に分かれる

人間は、物事を見たり何かを話したりするとき、客観的な側面が強く出る人と主観的な側面が強く出る人に分かれます。**第三者的に表現すれば「状況に応じて変わる人」と「いつでも同じように見える人」です。**

前者のような人は、つねに人からどう見られているかを気にし、状況にあわせ、ふるまいをコントロールできる人です。こういう性質をセルフモニタリングの高い人といい、社会的に良好な性質といわれています。今風にいえば「空気の読める人」ですね。

先ほど出てきたメタ認知と似ていますが、ここでいうセルフモニタリングは、あくまで相手や周辺の状況を察してふるまえるかという意味です。

ですから、メタ認知の要素の一部分になります。このことから「セルフモニタリングは低いけどメタ認知力の高い人」というのも存在します。

対して、後者のような人は、人からどう見られているかは気にせず、自分の価値観にしたがいます。よって相手や周辺の状況に振り回されず、いつでも一貫しています。

主観的な人というのは、対人関係の場面で自らの価値観原則にしたがうことを大切にしています。こちらも今風にいえば「空気の読めない人（ＫＹ）」に当たります。

両者を比べると、たとえば自社が新しい商品やサービスを開発しようとする際、顧客のアンケート結果やニーズ調査、あるいは世の中のトレンドから新しい商品、サービスを考えようとする人は、客観型の人です。

一方で、自分がつくりたいと思えるもの、自社の資源でつくれるものは何かを基準に、商品やサービスを考えようとする人は主観型の人です。

客観型と主観型の特徴をまとめると、87ページの表１のようになります。

なお、ここでいう「客観型」「主観型」については、価値観の良し悪しを判断するものではありません。あくまで、ビジネスや人生における価値のよりどころに、自分の外側、内側いずれのベクトルがはたらいているかを示すものになります。

人の行動原理は「伝統的」と「革新的」に分かれる

経営者がビジネスを進めるとき、アーティストが作品をつくるとき、または誰であっても料理をするときなどで、その行動は「伝統的」と「革新的」な原理を見出せます。音楽でたとえるなら「伝統的」とは、いわずもがなクラシック音楽を指します。他方で「革新的」はジャズやロック、ポップスを指すことになるでしょう。

世界的に有名なキース・ジャレットというピアニストがいます。彼は**「ジャズとクラシックを両方演奏することは、脳の回路が異なるから不可能だ」**といいました。

クラシックは、先人が残した偉大な楽曲と表現について、楽譜を通して再現することが重要です。とくに、どのように演奏するかが重要で、表現力を高めた技術を駆使して完璧な演奏を目指します。ドイツ・マックスプランク研究所の認知脳神経研究によれば、クラシックピアニストの演奏中に脳波を測定すると、前頭部のθ《シータ》波（瞑想、記憶、学習に関連）が強く観察されたそうです。

一方でジャズは、一定の主題（テーマ）を除き、常に即興演奏や予期しない和音（コード）と旋律（メロディ）の創作に集中して演奏します（アドリブ）。また、ほかの奏者の演奏を受けて、新たなコードやメロディを即興で返すこともあります（インタープレイ）。

こちらも、先の認知脳神経研究によれば、ジャズピアニストの演奏中には、β《ベータ》波（複雑思考に関連）の著しい低下が見られ、演奏精度を犠牲にしても素早く状況

表1

客観型	主観型
全体主義 個人的な事情よりも全体最適や帰属する集団の利益を優先する。また客体を優先するあまり自分を抑圧する傾向があるのでヒステリーのリスクがある。	**個人主義** 大人数と積極的に関わりチームを組むことが苦手な傾向がある。また他者との相互作用にストレスを感じやすいところがある。
外発的動機 「報酬」「地位」「名誉」「評価」といった外発的動機を重視。	**内発的動機** 「好奇心」「探求心」「やりがい」「自己実現」といった内発的動機を重視。
社会適応 家庭や職場を重視し、社会からの期待や要求に応えることが精神安定につながる。	**内面適応** 自分の心や気持ちを重視し、自分の内面からの期待や要求に応えることが精神安定につながる。

や変化に対応することを重視する脳波だったそうです。

料理にたとえるなら、レシピどおりにして忠実に再現しようとする人と、レシピを犠牲にしても、目の前の料理の味や盛りつけの状況にあわせ、その場でアレンジしようとする人の違いです。

もちろんビジネスでも、こういう行動原理の違いはいくつも見られます。

僕のビジネスの拠点は京都なのですが、京都といえば花街の舞妓《まいこ》さんをイメージする人も多いのではないでしょうか。

舞妓さんは、300年ほど前から京都を支えてきましたが、そんな舞妓さんになるには、まず1年ほど「仕込みさん」として、京ことばや行儀作法、芸事などを学びます。ある程度の作法や芸事が身につくと「見習いさん」として、お姉さん（先輩）と「店出し（デビュー）」します。この際、見習いさんの帯は「半だらりの帯」、髪は「割れしのぶ」に結って見習い用のかんざしをつける、といった伝統を守ります。

さらに修業中は、置屋《おきや》という舞妓さんの事務所のような場所に住み込むのです。

このように伝統的な格式を学び、再現していくことが重要な世界なので、この業界にいる多くの方の行動原理は伝統的とならざるをえません。

一方で、つねに新しいことを突き詰めたい。過去の前例にないことをはじめたいと考える人たちがいます。いわゆる革新的な人ですね。イノベーターともいいます。

『システム×デザイン思考で世界を変える』（前野隆司編著、日経ＢＰ）という本の中に**「既存のものと似ているものはイノベーションではない」**という言葉があります。

どうしても革新的な行動をとり、成果を出すためには「既存のものから脱却」する必要があるので、伝統的なものにしたがえません。よって、人の行動原理は「伝統的」に寄る人と、「革新的」に寄る人とに分かれることになるのです。

なぜイノベーターは浮いてしまうのか？

同書では、その道の専門家が集まり集団で何か仕事をすると、平均的に質の高い結果になるという研究結果が書かれています。

一方、専門家に限らず、多様な人が集まった集団からは「くだらないアイデア」がたくさん出て全体の質が下がる反面、専門家では思いつかない非常にすぐれたアイデアが生まれる結果となったそうです。

つまり、同質の人間が集まると、暗黙の常識があるため、新しいものは生まれないのです。そのことから、**イノベーター気質になればなるほど、他者からは理解されないと**いう現象が起きます。

クセ立てリングの考え方でも、革新的寄りのタイプ（イノベーター・マネージャー・クリエイター）は、集団から浮く傾向になり、伝統的寄りのタイプ（マスター・アンバサダー・アレンジャー）は、他者の理解を得やすい傾向と考えています。

元は花札製造業!? 任天堂が教えてくれること

革新的（イノベーション）な会社といえば、真っ先に思いつくのは京都の中でもトップレベルに有名なゲーム会社の任天堂《にんてんどう》です。

京都で「花街といえば舞妓」なら「五条楽園《ごじょうらくえん》といえば遊郭《ゆうかく》」という、少しアンダーグラウンドな側面をご存じでしょうか。

五条楽園（もとは七条新地《しちじょうしんち》）は、江戸初期から明治時代にかけて、七条通りから五条通りの鴨川《かもがわ》と高瀬川《たかせがわ》に挟まれた箇所にあった京都最大の遊郭地帯です。

遊郭地帯であることから、当時このあたりは賭け事も盛んで、そんな地に店を構えて花札を製造していたのが「任天堂（当時は灰孝本店《はいこう》）」です。賭け事では、札に目印をつけられることを避けるために、１組の花札を１回しか使用せず、勝負のたびに新しいものに変えていました。ですから、ここで花札の製造をすると非常に繁盛したのです。

しかし、１９０２（明治35）年、カルタ類への課税がなされたことをきっかけに、花札やカルタ業界の廃業が相次ぎました。しかし任天堂は、早々に海外でしか製造されていなかったトランプカードの製造に切り替え、日本最大のカードメーカーとなります。

それからも、任天堂は**「今やっている商売は本来なくてもいいもので、目が覚めたら市場が消えているかもしれない」**と考え、トランプカードとしてのブランドややり方にとらわれず、さまざまな事業に挑戦します。

１９８０（昭和55）年から着手した「ゲーム＆ウオッチ」で大成功を収め、１９８３（昭和58）年には「ファミリーコンピュータ（ファミコン）」の大ヒットを出し、その後も、つねに過去にとらわれないイノベーションを起こし続けています。

以前、ある新法施行の際、法規制調査に関して任天堂の法務担当の方とご一緒したことがあります。そのとき「他社はどうやって法規制にあわせて新しい事業許可をとるかを考えるが、弊社はどうやって法規制に振り回されず『娯楽屋』として進化し続けるか考える」といわれていたことがとても印象的でした。

行動原理である伝統的・革新的は、どちらに優劣があるわけではありませんが、その背景には独自の価値観と信念にもとづくことを再認識しました。

経済学者のリチャード・ゼックハウザーとウィリアム・サミュエルソンが提唱した「現状維持バイアス」というものがあります。通常、多くの人は、過去の体験といった先行経験をもとに、さまざまな選択肢に対して現状維持のほうが損失や後悔が少ないと、非合理であろうと変化を避ける選択をするというものです。

これを踏まえれば、**伝統的な行動原理の特性が強い人よりも、革新的な行動原理の強い人のほうが、その特徴は明確にあらわれる**ため、両者の特性の判断は比較的容易と考えています。

6／まずは対人関係を２つの軸で見極めよう

では、実際に相手のタイプを「秒」で判断する見極め方を具体的にお話しします。

これまでくり返し述べてきましたが、価値観は多様化され、細分化されています。

しかし、こうした細かい情報に振り回されず、メタ認知した価値観を構造化して本質を見抜くことが重要です。

まとめると、価値観をメタ認知した場合、次の２つの軸で構造化できます。

・人の観点は「客観型」か「主観型」か
・人の行動原理は「伝統的」か「革新的」か

これらの4種の傾向にあわせて対応を変えることで、大きなトラブルを避けることが可能です。

観点が「客観型」か「主観型」かを「秒」で判断

次に、いくつかそれぞれの特徴を見抜くヒントをあげますが、これらをすべて分析する必要はありません。状況に応じていくつか試せば判断はつくはずです。

▼客観型の特徴

・自分の話よりも相手の話に関心が強い
・話の切り出しが「あなた」や「御社」ではじまりやすい
・初対面または大人数の場でもよく話せる
・相手の事業規模や肩書で態度が変わる傾向がある
・質問が抽象的、漠然としていることが多い

・オシャレ、パリッとした服、ブランド服を着ているなど見た目をかなり気にする
・椅子に座るときは真正面に座りがち

▼主観型の特徴

・自分の話や自分の興味のあること以外のリアクションが薄い
・話の主語が「私の好きな、嫌いな」のような「私の」の話題が多い
・初対面または大人数の場でおとなしくなりがち
・自分の知っている話題や興味のあることは突然、流暢《りゅうちょう》に話し出す
・質問が具体的で、ツッコミや持論が多い
・服装や見た目をまったく気にしてない、またはかなり個性的な見た目
・椅子に座るときは真正面を避けて座りがち

行動原理が「伝統的」か「革新的」かを「秒」で判断

次に、行動原理を判断します。客観型・主観型について、どちらともいえない場合

や、どちらの要素もあると感じる場合は、無理に決めず、この判断に移ってください。

▼伝統的の特徴

・最初に聞いた情報を信じやすい
・善悪、白黒などハッキリ分けたがる
・経緯やルーツなどに関心が高い
・将来的、未来的な話へのリアクションが薄い
・結論ありきで話を進める
・マニュアルどおり、またはアドリブがきかない
・こちらの情報をとり入れない、またはマウントをとりがち

▼革新的の特徴

・常識や受けとった情報を疑う傾向にある
・結論などに対して、つねに別の可能性を掲示する
・経緯やルーツなどに興味がない

・将来的、未来的な話が好き
・対話で導かれる答えに高く期待する、または期待に応えようとする
・決まりごとやルールを守りたがらず、アドリブが得意
・つねに教えを請いたがり、深掘りしたがる

価値観にあわせた対人関係を意識しよう

観点は「客観型」か「主観型」か、行動原理は「伝統的」か「革新的」かを判断することで、次ページの6つの領域のいずれかに近づくはずです。これが、価値観をメタ認知した構造化の状態です。第3章以降のクセ立てリングは、それぞれの価値観に関するチェックをもっと詳細におこない、6つの領域のどのあたりに位置するかを見ます。

その上で、タイプ別の対応方法や対策、組みあわせなどを考えることが重要です。

とりあえず、この章では、2本の軸で導いた結果を「秒で判断するための」簡易診断結果として認識してください。現段階では「価値観にあわせた調和対人関係5ルール」を説明することにとどめておきます。

簡易的に「秒」で診断するフローチャート

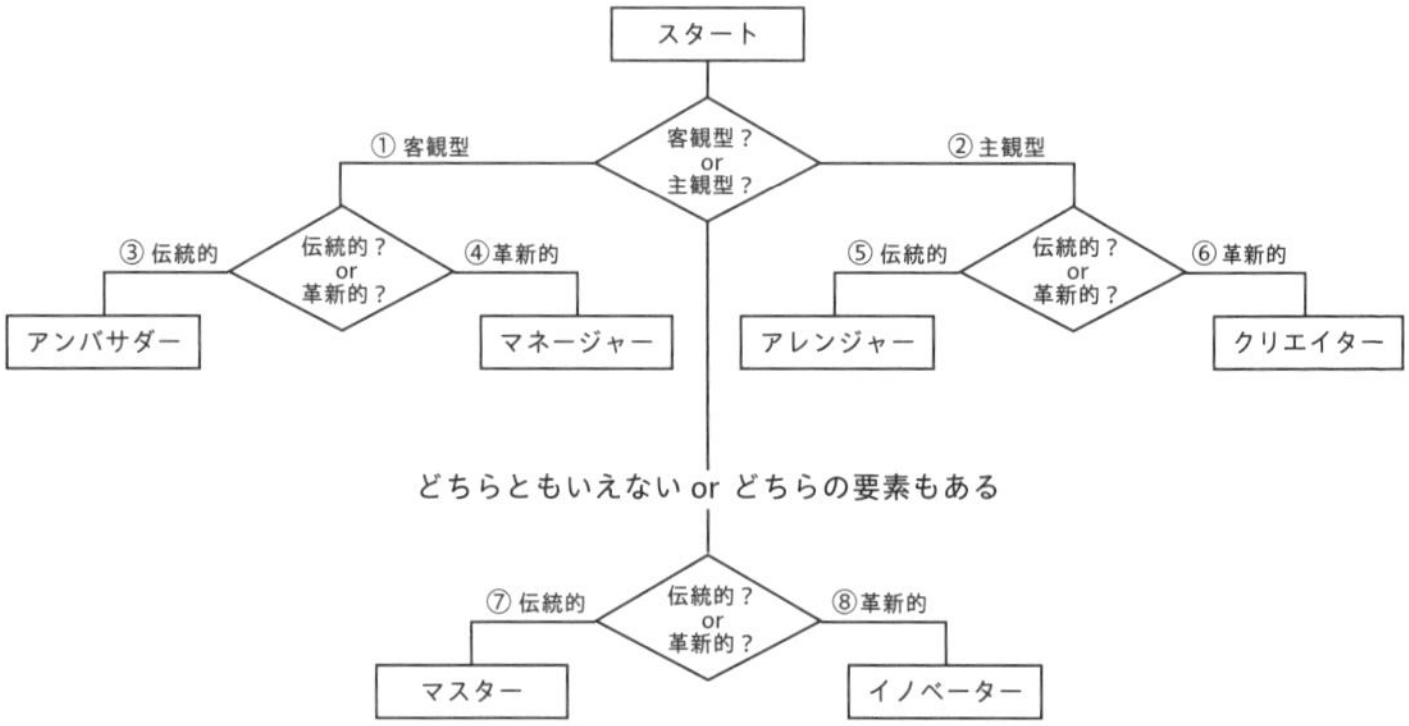

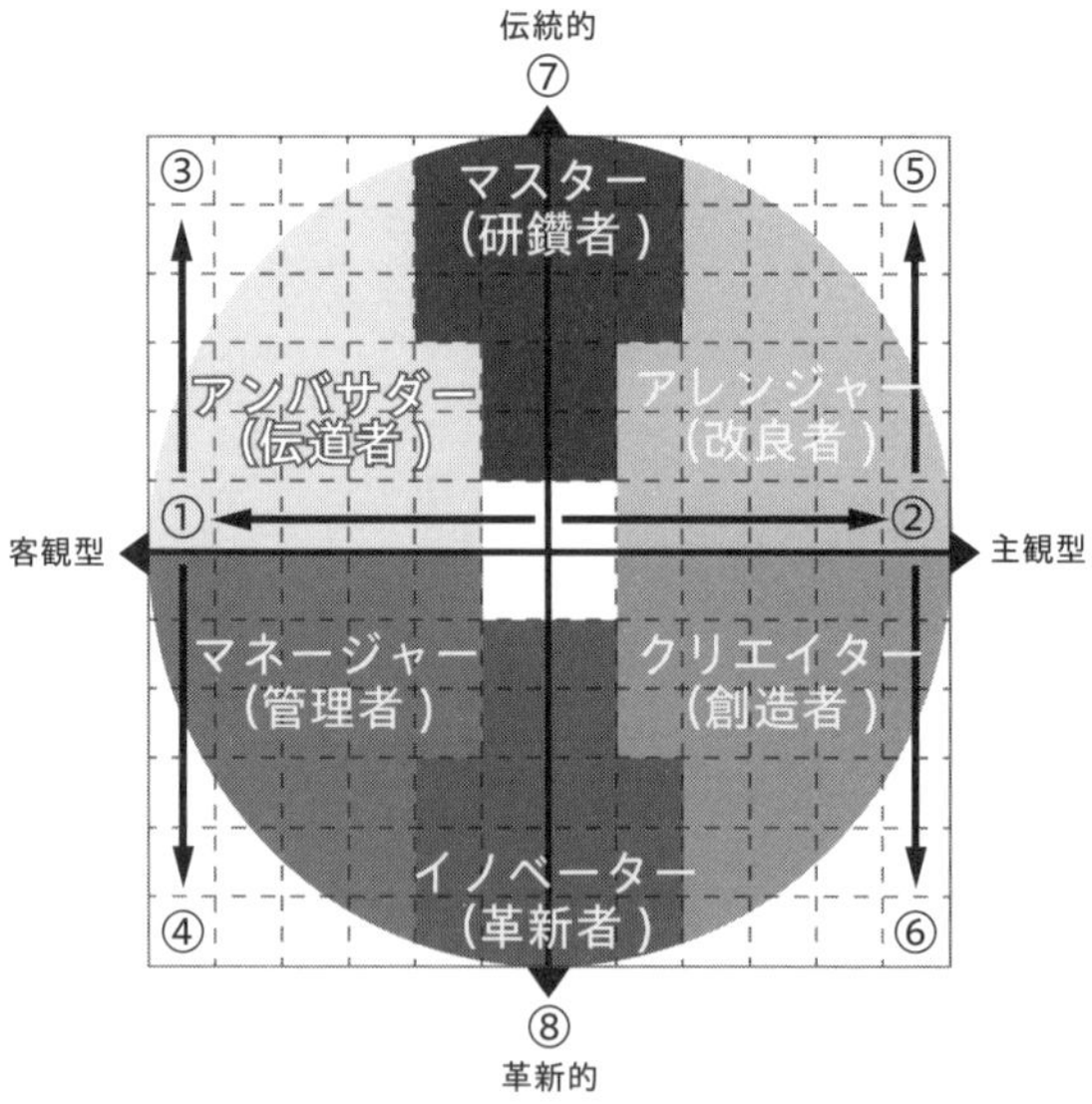

▼ルール１　わかりあえないことを受け入れる

これまでもお伝えしたように、価値観は見てきた社会的要因、文化的要因をはじめ、性別、世代、家族構成などで複雑に異なります。つまり、**大切なのは価値観をあわせることではなく、価値観が人ごとに当然に異なることを理解すること**です。

人間は、大昔から生き続けるための防衛本能として、物事をネガティブに考えたり、対象の悪いところや欠点を探すようにできているといいます。

これをしっかり認識した上で、相手の「クセ（らしさ）」を偏見なくフラットに見ることが大事です。なるべく、価値観の違いを構造的に理解し、柔軟に対応しましょう。

わかりあえないのは、お互いの価値観であって、決して相手の人格を否定しているわけではありません。

クセつよ同士の対人関係は、ブロック玩具型対人関係だとお伝えしました。パズルのように自分の価値観という型に相手をはめ込もうとするのではなく、ブロック玩具のように、色や形が異なるということを理解することが、相手の人格についてわかりあうということになります。

▼ルール2　相手のさまざまな価値観を受け入れる

基本的には、ルール1の「わかりあえないことを受け入れる」が最重要です。

その上で、対人関係の調和を実現するためには、さまざまな価値観を受け入れることが必要です。相手の異なる価値観をわかろうとする必要はなく、受け入れるだけで充分です。そのための具体的なポイントは次のようになります。

・相手の価値観も、自分の価値観も常識とは考えない
・お互いが常識的ではないことを踏まえて、決して価値観を押しつけない
・一方で、相手の価値観のことは尊重する（したがうわけではない）
・相手の価値観から生じる反応に、肯定的に反応し返す（話を聞くなど）
・相手にする反応は、タイプ別に変える（詳細は第4章）

▼ルール3　相手の価値観は相対的にはかる

この章でお伝えした「客観型」「主観型」という考え方と、「伝統的」「革新的」という行動原理を分析する際に、大切なのは相対的に考えることです。

たとえば、考え方を見極める際に「客観型」↓「自分の話よりも相手の話に関心が強い」という定義を用いるとします。

しかし、相手の「自分の話」に関心を持っている理由が、客観型の特徴「自分の話よりも相手の話に関心が強い」からとは限りません。

仮に、あなたが「自分の話を積極的に聞いているな」と感じても、それはあなたの話が、たまたま相手にとって「好きな話題」「自分にメリットのある話題」だったという可能性もあります。

その場合は客観型ではなく、自分の心や気持ちを重視するという主観型になります。

ですから、単純に「自分の話を積極的に聞いている＝客観型」という絶対的なはかり方をしないことです。**相手の価値観をはかる際には、絶対的なはかり方ではなく、相対的なはかり方である必要があります。**

これは、相手の行動原理を見極める際も同様で「革新的」↓「将来的、未来的な話が好き」を用いようとして、この相手が「ホームページを自分でコーディングするのは難しいよね」という話をしたとします。

そこで「え？　今ごろ（笑）。時代はＣｈａｔＧＰＴでコーディングでしょ。この人は伝統的タイプだな」と早計に決めてしまわないことです。

もし、この相手が60代の方ならどうでしょうか。

絶対的な新旧ではなく、相対的な新旧で考えると、とても時代の先端を走っている方だということがわかります。

先にお伝えした詳細な価値観の説明は、たしかに詳しく覚える必要はありません。ですが、こういった相対的な判断指標として必要になるものなので、注意が必要です。

▼ルール4　適切な関係性を築くためのポイント

これは次章以降でも詳しくお話ししますが、基本的には「人はわかりあえない」というルール1と「相手の価値観を受け入れる」ルール2を前提に考えてください。

つまり、**相性の悪い相手とは無理に深く関わらないことや、間接的に相性のよい人にあいだに入ってもらうことが重要**です。

たとえば、キーマンとなる方と面談が入っている際に、極端な客観型と、極端な主観型の人間がペアを組んだとします。

すると「明日は絶対、ダークスーツでネクタイ必須ね」という客観型と「いやいや、相手と打ちあわせするのに、服装なんて関係ないでしょ」という主観型の不毛な争いから、前に進まない可能性だってありえます。

価値観を見える化すると、視覚的に価値観が正反対に離れた位置に来る人がいます。基本的には、そういった組みあわせ同士は深い関わりを持たないことです。

逆に「客観型」「主観型」の２人であっても、価値観の見える化では案外、距離が近い者同士もいます。そういう場合は、深い関わりを持っても大丈夫です。

また、正反対の場合は、あいだに互いと相性がよい距離感の人物を加えることでうまくいきますので、価値観を見える化することはとても重要です。

▼ルール５　指示やお願いするのではなく「この指とまれ」と呼びかける

クセつよ同士が、互いに価値観が異なることを理解する。そして、互いの価値観は尊重する。互いの距離感も考えないといけない。そうなってくると、そもそもクセの強い者同士である経営者が、一緒に何かできる可能性はかなり低いのではないか……。

そう思われたでしょうか。

もともと自立しており、それぞれが強い「クセ（価値観や信念）」を持った経営者同士では、相手に指示をしたり、お願いしたりしても、相手を動かすことはできません。

大切なのは、自ら主体的に動き、協力してもらえる状態をつくることです。この状態をつくるために必要なことは、相手にしてほしいことの「意義」や「楽しさ」を、本人の内側からどう掘り起こすかということです。

つまり、その行為自体に「意義」や「楽しさ」がなければいけないわけですが、自立している多くの経営者は知っているでしょう。

ほとんどの仕事が、最初は興味がなくとも、スキルやノウハウが蓄積されることと比例しておもしろくなり、やりがいを感じるということを。

たとえば「トム・ソーヤーの行動創造理論」というものがあります。

長い塀《へい》に大量のペンキを塗らなければならなくなったトム・ソーヤーが、1人でやるのは大変なので、まわりの友人に対し、わざと楽しそうにペンキ塗りをしてみせます。

その結果、友人たちはペンキを塗りたくてたまらなくなり、対価まで差し出して、代わりにペンキを塗ってくれたという話です。

この理論のもとである『トム・ソーヤーの冒険』では、次のような記述があります。

「トムは、人間の行動原理に関わる重大な法則を発見したのだった。すなわち、大人でも子どもでも、何かを欲しくてたまらない気持ちにさせるには、それを手に入れにくくしてやりさえすればよいということである」

この話のように「やってくれ」と指示するわけでもなく、「やってください」とお願いするわけでもありません。対価だとか、インセンティブだとかも示すことなく、互いが生み出す「意義」や「楽しさ」という本質を伝えるのです。

思いついたことの本質を示しながら「この指とまれ」と呼びかけることが、価値観の異なるクセつよ同士のパートナーシップということです。

そして、それは『トム・ソーヤーの冒険』にあるように困難であるほど、得られる意義や楽しさも大きくなるのではないでしょうか。

第3章
6タイプに分類し、理解＆納得を引き出す

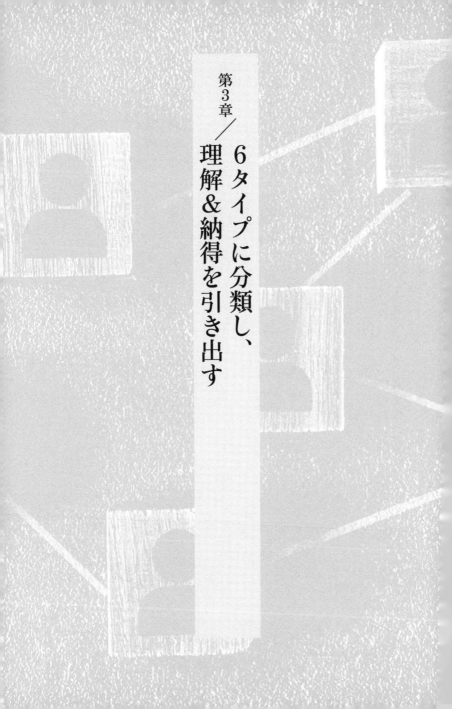

7／クセつよ社長をクセ立てリングの上に乗せる

さて、いよいよタイプ分析をおこなう「クセ立てリング」の詳細を具体的にお話ししていきます。くり返しになりますが、その6タイプを導くための価値観の指標となる基本は、次の2つの軸です。

・人の観点は「客観型」と「主観型」に分かれる
・人の行動原理は「伝統的」と「革新的」に分かれる

この2つの軸には、6タイプを見える化するために、目盛りを追加しておきます。

あとは114ページと116ページにあるチェックリストを用いて、横軸（客観型・主観型、P点）と縦軸（伝統的・革新的、I点）の位置を導くだけです。

チェックリストは２種類ありますが、114ページは他者のタイプを見極める用で、116ページが自分のタイプを知る用となっています。

なお、巻末に掲載しているQRコードでアクセスしていただくと、簡単にタイプの分析結果を知ることができる「クセつよ診断」Ｗｅｂサイトにアクセスできますので、ぜひ活用していただけたらと思います。

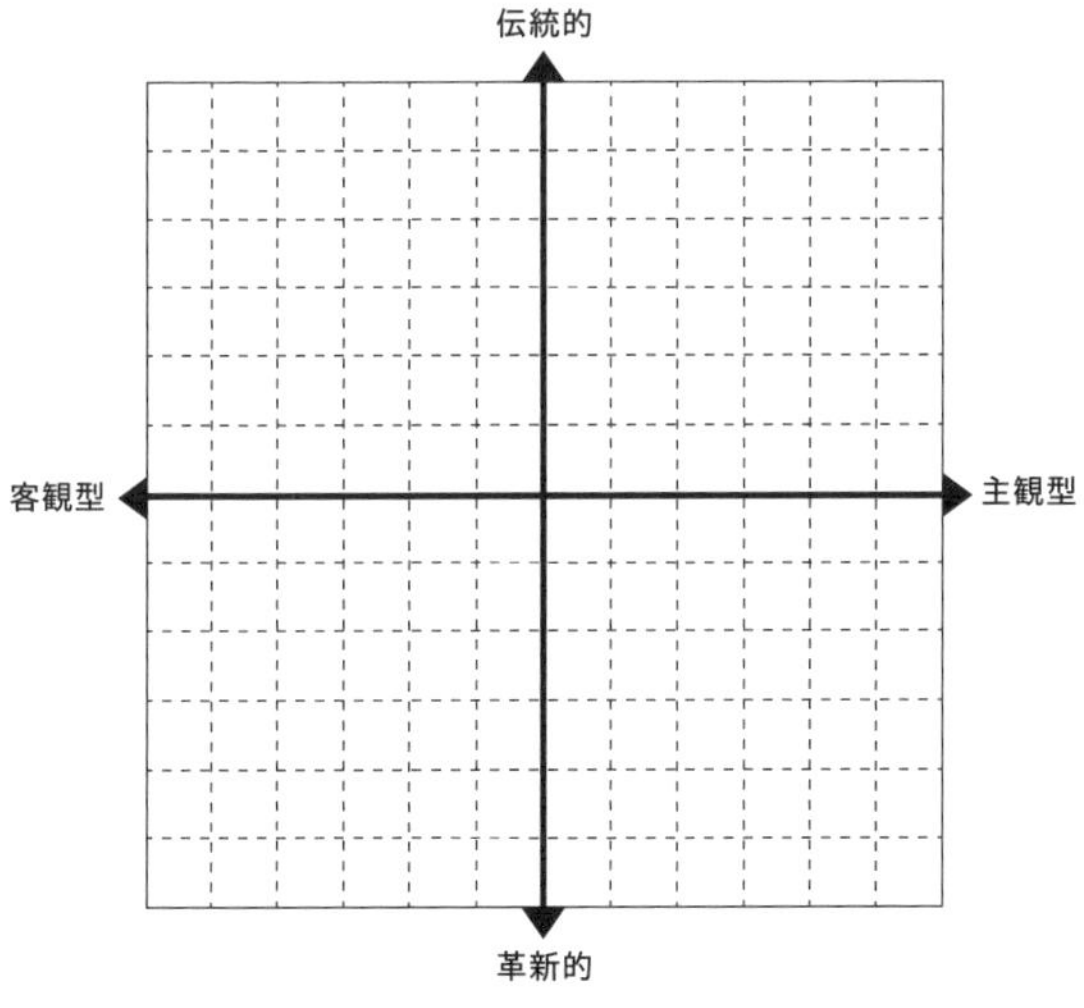

「ペルソナ」と「シャドウ」を見分ける

タイプ分析をする際に、とても大切なことが2つあります。

一つは、前章でもお話ししましたが、それぞれの軸の評価は相対的に判断する必要があるということです。もう一つは、相対的な判断にも関わりますが、対人認知において人には「対比誤差」というものが生じてしまうことです。

対比誤差というのは、自分がある性質を持っていることで、似た性質を持った人のその性質を、正確に判断できなくなるということです。

たとえば、客観型の「初対面または大人数の場でもよく話せる」という特徴を判断する際、自分自身が客観型で、初対面や大人数の前でも流暢に話せるとします。

すると、自分より流暢さが低く見える客観型の人を「この特徴に当てはまらない」と、厳しめに評価してしまうのです。こうすると、ヘタしたら客観型の人を主観型と誤って分析してしまう可能性もあります。

さらに、タイプ分析をしようとする際に、もっとも重要なことがあります。

それは、**人間の言動から考え方や価値観を読みとろうとする際に、その言動には「オモテ・ウラ」の顔があることを認識しておく**ことです。

人間の「オモテの顔」を、心理学では「ペルソナ」といいます。

ペルソナとは、人間の外的側面を意味する言葉で、ラテン語で「仮面」を意味し、周囲に適応させるため、仮面を被ってしまう人間の性質を指して名づけられています。

たとえば、僕が平日に自分の事務所やお客様のところに訪問しているときは「行政書士」や「コンサルタント」というペルソナを被らざるをえません。


一方、週末にギターを持ってジャズバーでセッションに興じる際には、この仮面を外しています。この仮面を外している状態をウラの顔として「シャドウ」といいます。

シャドウとは「影」のことで、日ごろペルソナを被ることでおさえこんでいる一面です。

人間には必ず、こういった「オモテの顔」としてのペルソナと「ウラの顔」としてのシャドウがあります。

また、ペルソナは人によって複数ある場合があります。

これは、前章82ページで、価値観を見抜いて攻略するには「相手と対峙した際に置かれている状況や目的から、さまざまな価値観がどのように抽象化され表出するのか」と、置かれている状況や目的を前提にしていた理由でもあります。

相手の価値観を活かしてはかる調和のためには、その相手のペルソナを重視して調和をはかる必要があるのか、シャドウを重視して調和をはかる必要があるのか、置かれている状況や目的で異なるからです。

そうすると、必然的にチェックリストで診断する際の見るべきポイントが変わってしまうのです。

たとえば、あなたが僕とビジネス上で調和したいと思ったとします。その場合、行政書士として経営者と対峙している「オモテの僕」をタイプ診断するべきです。ジャズバーで仮面を外しているときの「ウラの僕」の言動を見てタイプ診断しても、ビジネス上の「オモテの僕」と調和することはできません。

このように次ページ以降のチェックリストを用いる際には、必ず相手の言動がペルソナなのか、シャドウなのかを、状況と目的を踏まえて分析する必要があります。

多くの場合、人間は仕事をしているときなど、ペルソナを被っている際には「客観型」な観点と「伝統的」な行動原理の色彩が強く出やすいです。その側面を踏まえてなお、価値観の2軸がどっちに寄るのかを分析するところからはじめてください。

また、最近ではオンとオフの境界線があいまいな方も増えてきたと感じます。イレギュラーなケースもありえることを意識してください。くれぐれもペルソナとシャドウを見誤らないように、相手の言動からタイプ診断していただければ幸いです。

ちなみに、**僕が分析する際に気をつけているのは「人は周囲に人が多いと周囲にあわせてふるまうことが多い」「左上を見ながら話すとき（本人にとっては右上）は本音ではない」「ふだんと異なる言動が目立つ」**などは**「ふるまっている」状態ということ**です。

「クセつよ診断」でチェック！　相手はどのタイプ？

次ページは、タイプ分析をしたい相手の言動から、どのタイプに該当するかを導くためのチェックリストです。第2章の「秒」で判断するヒントとは異なり、20項目すべてのチェックが必要なので、各質問に「該当する」「該当しない」でご回答ください。

「クセつよ」診断チェックリスト

I点とはイノベーション(革新)ポイント、+になるごとに下に移動する
P点とはパースティヴ(観点)ポイント、+になるごとに右に移動する

質問	I点	P点
①善悪、白黒などハッキリ分けたがる	-1	
②経緯やルーツなどに関心が高い	-1	
③結論ありきで話を進める	-1	
④マニュアルどおり、またはアドリブが利かない	-2	
⑤こちらの情報を取り入れない、またはマウントをとりがち	-2	
⑥将来的、未来的な話へのリアクションが高い	2	
⑦結論などに対して、つねに別の可能性を掲示する	1	
⑧対話で導かれる答えに高く期待する、または期待に応えようとする	1	
⑨つねに現状を変えようとして、上司や先輩と対立する	2	
⑩つねに教えを請いたがり、深掘りしたがる	1	
⑪自分の話よりも相手の話に関心が強い		-1
⑫集団で行動していることが多い		-2
⑬初対面または大人数の場でもよく話せる		-1
⑭相手の事業規模や肩書で態度が変わる傾向がある		-2
⑮オシャレ、パリッとした服、ブランド服を着ているなど、見た目をかなり気にする		-1
⑯話の主語が「私の好き・嫌いな」のような「私の」の話題が多い		2
⑰飲み会やイベントの参加率が低い		1
⑱自分の知っている話題や興味のあることは突然、流暢に話し出す		2
⑲質問が具体的で、ツッコミや持論が多い		1
⑳椅子に座るときは真正面を避けて座りがち		1

「該当する」の場合は、その質問に記載された「P点」と「I点」の点数を加算・減算していき、最終的に導き出された「P点」「I点」の位置が相手のタイプになります。たとえば「I点がマイナス4点」「P点が0点」ならマスタータイプ。「I点がプラス3点」「P点がプラス4点」ならクリエイタータイプといった具合です（117ページ参照）。なお、実際には、きれいに「○○タイプだ！」とは言い切れない場合もあります。たとえば「アンバサダータイプとマネージャータイプの中間（I点が0点でP点がマイナス3点など）」というケースもあったりします。

セルフチェック用のタイプ診断チェックリストもあります。次ページに用意しましたが、あまり深く考えずに回答していってください。ただ、自身の「ペルソナ」と「シャドウ」について、いずれのタイプを診断しようとしているかは意識してください。また、オモテの顔の場合とウラの顔の場合、どちらも正直にご回答ください。

タイプの導き方は、クセつよ診断チェックリストとまったく同じです。各質問に対して「該当する」の場合は、その質問に記載された「P点」と「I点」の点数を加算・減算していき、最終的に導き出された「P点」「I点」の位置が、自分のタイプになります。

セルフ「クセつよ」診断チェックリスト

I点とはイノベーション(革新)ポイント、+になるごとに下に移動する
P点とはパースティヴ(観点)ポイント、+になるごとに右に移動する

質問	I点	P点
①飲み会や会合で集まるのが好き		-2
②軽い世間話より、ものごとを深く話し合ったり議論したい		1
③電話でしゃべるより、ゆっくり考えてメールやメッセンジャーでやりとりしたい		2
④仕事や作品は、途中で誰かに見てもらって意見をもらいたい		-2
⑤仕事や勉強は、1人のときよりグループで取り組むほうが進む		-2
⑥手引やマニュアルは自分でつくっていきたい	1	1
⑦マナーやしきたりは守るべき	-2	
⑧人に反対されたら余計にチャレンジしたくなる	1	1
⑨歴史や文化を大切にしたいと思っている	-2	
⑩本業以外の収入が2つ以上ある	1	1
⑪チームではリーダーになることが多い	1	-1
⑫商品の価格を決めるときは、顧客や相場を意識して決定すべき	-1	-2
⑬仕事で困ったら、同業者に意見を求めるほうだ		-2
⑭会議ではほかの人の活動報告などを聞くのが好き	-1	-1
⑮自身が取り組んでいる仕事や趣味は、ほかにやっている人が少ない	1	2
⑯基礎をコツコツと反復継続することが好き	-2	1
⑰服やカバン、アクセサリーを選ぶときは、流行よりも自分の好きなものを選ぶ	-1	1
⑱技術革新や法改正があれば、真っ先に仕事や趣味にとり入れる	2	2
⑲人の仕事や素振りを見て「こうすればうまくいくのに」とアドバイスしたくなることがよくある	1	1
⑳誰も達成したことのない偉業を成し遂げたいといつも思っている	1	-1

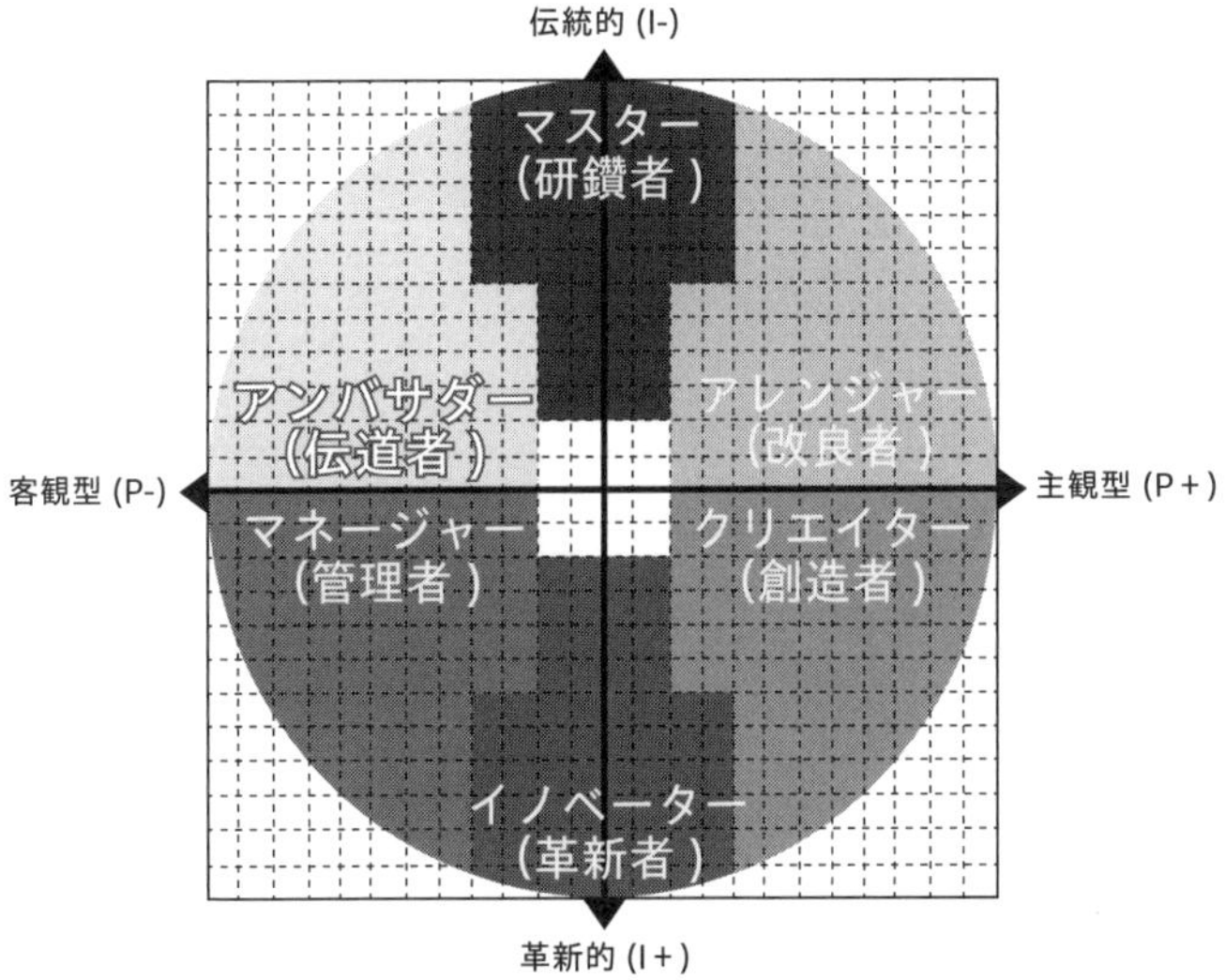

クセつよ分析の例

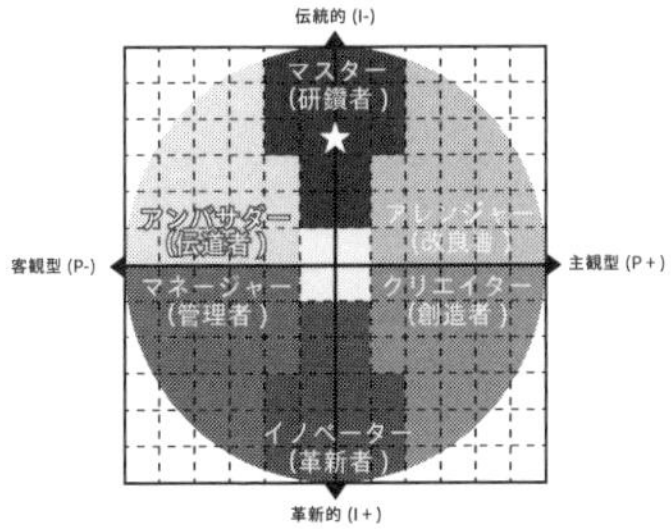

☆「Ｉ点がマイナス４点」「Ｐ点が０点」
ならマスタータイプ

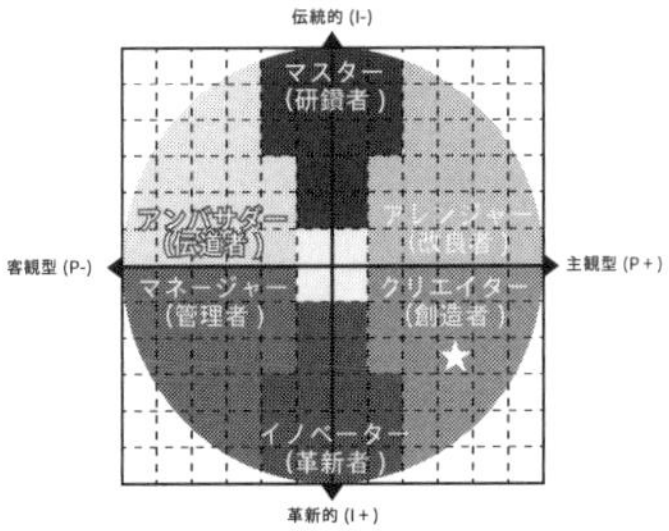

☆「Ｉ点がプラス３点」「Ｐ点がプラス４点」
ならクリエイタータイプ

8／

6タイプの特徴・活かし方・注意点……を大公開！

マスター（研鑽者）タイプ

▼特徴「優秀でバランスはいいが融通はきかない」

観点が主観型・客観型いずれにもかたよらず、伝統的な行動原理の側面が強いタイプです。観点が客観的でもなく主観的でもないので、一見バランスがよさそうですが、これは自分の事情や関係者の事情よりも、決まりごとや伝統・風習・学びを重んじるということでもあり、融通がききません。

ルールを破る者が許せないところもあり、ときには「頑固」といわれることも。

一方で、これと決めたことや、やるべきことに対して真摯に向きあう集中力やエネルギーを有しているということでもあります。成績優秀かつ訓練・学習などに対する姿勢も抜きん出たものがあります。反復継続的な努力もおこたりません。

そのため、**個人として一つの分野で抜きん出た活躍をしている人が多いタイプでもあり、６タイプ中、もっとも秀でた能力や成果が見えやすい**タイプです。

▼活かすべき点

・突き抜けた能力や成果
・タフすぎる忍耐力と継続力
・圧巻の安心感、信頼性

▼注意点

・信念や価値観のあわない人と衝突しやすい
・業種や分野によっては発展を妨げる
・年配のマスタータイプは老害になるおそれ

▼クセつよ

・勝ち負け、強弱、善悪、白黒などへのこだわり
・がんばりすぎる。努力や研鑽によって必ず成果は出る
・自分にも他人にも厳しい

▼クセよわ

・信念や価値観に対する否定、批判ストレス耐性
・予測不可能な相手に翻弄される
・臨機応変や柔軟性

▼人物像

カーネル・サンダース（経営者）、武田信玄（戦国武将）、松坂大輔（野球選手）、ヤザン・ゲーブル（機動戦士Zガンダム）、火野《ひの》レイ（美少女戦士セーラームーン）、孫悟空（ドラゴンボール）、妹尾《せのお》あいこ（おジャ魔女どれみ）、金竜飛《きんりゅうひ》（あしたのジョー）、美墨《みすみ》なぎさ（ふたりはプリキュア）、シーサー（ちいかわ）

マスター（研鑽者）

～ルールを重んじ研鑽を続けるストイックなタイプ～

・反復継続が得意
・伝統やルールを重んじ、破る者は許せない
・融通がきかない、頑固な面がある
・これまでのやり方を変えることを嫌う
・集中力や忍耐力がある
・学習、訓練、トレーニングなどに強い

相性のよいタイプ

アレンジャー
（改良者）

アンバサダー
（伝道者）

相性の悪いタイプ

イノベーター
（革新者）

アレンジャー（改良者）タイプ

▼特徴「好みや共感を優先してアレンジし続ける」

アレンジャータイプは観点が主観型で、伝統的な行動原理の側面が強いタイプです。基本的にはマスタータイプのように、決まりごとや伝統・風習・学びに軸足を置いていますが「それだけで本当にいいのか？」という自分の心の声に逆らえず、改良を加えずにはいられません。そのことから、**いい意味でも悪い意味でも、物事や事実に対して自らの主観で考え、分析する傾向**があります。

また、アレンジャータイプの多くが、好きなことや人、共感できることに対して時間やお金を費やす傾向にあります。逆にいえば、地位、名誉、利益では釣られません。

一方で、興味のないものや人に対してのリアクションが極端に薄く、自分の主観にそぐわない発言や現象に対しても、物怖じせずストレートに意見をぶつけることがあります。

名称こそイノベーターではありませんが、ある業界や分野においてイノベーションを起こしやすいのは、じつはアレンジャータイプに多いといえます（クレイトン・クリステンセンのいう「持続的イノベーション」）。

▼活かすべき点

・好きなもの、好きなことや人に対する高い熱量
・地に足のついた漸進的な改良や発展的な革新
・柔軟な発想力とアイデア力

▼注意点

・好みにあわないものや人に対する態度
・集団や他者を考慮せず、独善的になりやすい
・マイペースすぎるため、リーダーに嫌われやすい

▼クセつよ

・楽しさや悦に入ることへの追求

・自分の好き嫌いや意見への同意要求
・理論よりも感情成分強めの意見主張

▼クセよわ

・多種多様という概念
・全体最適や構造への理解
・地位や名誉、利益に対する執着

▼人物像

スティーブ・ジョブズ（経営者）、豊臣秀吉（戦国武将）、イチロー（野球選手）、シャア・アズナブル（機動戦士ガンダム）、木野《きの》まこと（美少女戦士セーラームーン）、クリリン（ドラゴンボール）、飛鳥《あすか》ももこ（おジャ魔女どれみ）、矢吹丈《やぶきじょう》（あしたのジョー）、来海《くるみ》えりか（ハートキャッチプリキュア！）、モモンガ（ちいかわ）

アレンジャー（改良者）

～好みを大事にして学びをアレンジする～

・伝統やルールに疑問を感じはじめる
・既存のものを、自分の心にしたがって改良したい
・好きなこと、好きな人、共感できることに、時間やお金を使いたい
・曲がったことが嫌い、ストレートにものを言う
・興味ないものや人にはリアクションが薄い

○相性のよいタイプ

マスター（研鑽者）

クリエイター（創造者）

×相性の悪いタイプ

マネージャー（管理者）

クリエイター（創造者）タイプ

▼特徴「天才肌の個人主義者は他者視点が苦手」

クリエイタータイプは、観点が主観型で革新的な行動原理の側面が強いタイプです。このタイプは、個人主義という言葉がピッタリ来るタイプで、自分の内面と向きあい、自らの知的好奇心や探求心にもとづいて新しいものを創り出そうとします。反対に、人からやり方やルールなどを押しつけられるのが嫌いで、人にあわすことや集団行動も苦手としています。

美的センスや芸術的感性が鋭い人が多く、これまでにないものを生み出したい欲求が強いです。逆にいうと、自らの考えやセンスを重視しすぎたり、特定のものへの異常なこだわりや思い入れが強くなったりして、プライドが高い傾向にあります。

神経質な面と無鉄砲な一面をあわせ持っているので、**ビジネス面でいえば、自らのモチベーションの上がることへの集中力は高く行動的になりますが、苦手なものや気に入らないものが混じることで途端にやる気を失ったり、興味がなくなったり**します。

対人の場面では、自分ならではの感覚や想いを熱心に伝えようとしますが、他者視点に立つのが苦手なため、感覚のあわない人は受け入れられないことも多くあります。

▼活かすべき点

・芸術的感性とユニークな成果物
・ＡＩには生み出せないコンテンツの創造
・新しい概念や手法の構築

▼注意点

・常識や他者のモノサシによる評価禁止
・集団に馴染めず、周囲が気をつかう
・温厚なのに、逆鱗《げきりん》に触れると激怒する

▼クセつよ

・独特の世界観や表現力

・感受性が強く感覚過敏
・自分に対する特別感

▼クセよわ
・所属意識の低さ
・取り組みに対する妥協力
・他者の個性や才能の尊重

▼人物像
ウォルト・ディズニー（経営者）、伊達政宗（戦国武将）、野茂英雄（野球選手）、アムロ・レイ（機動戦士ガンダム）、天王《てんおう》はるか（美少女戦士セーラームーン）、ブルマ（ドラゴンボール）、春風《はるかぜ》どれみ（おジャ魔女どれみ）、カーロス・リベラ（あしたのジョー）、夏《なつ》海《うみ》まなつ（トロピカル～ジュ！プリキュア）、くりまんじゅう（ちいかわ）

クリエイター（創造者）
～自分で創り出し夢や希望に燃える～

・プライドが高く、個人主義
・こだわりや探求心、知的好奇心が強い
・人からやり方やルールを押しつけられるのが苦手
・美的センスや芸術センスが高く、新しいもの好き
・神経質な一面と無鉄砲な一面をあわせ持つ
・モチベーションが上がらないとできない

○相性のよいタイプ

アレンジャー
（改良者）

イノベーター
（革新者）

×相性の悪いタイプ

アンバサダー
（伝道者）

アンバサダー（伝道者）タイプ

▼特徴「伝達と拡散・市場分析に長けた黒子」

アンバサダータイプは、観点が客観型で伝統的な行動原理の側面が強いタイプです。このタイプは、マスター寄りとマネージャー寄りで少し傾向が異なります。

マスター寄りは基本的に、優秀で物事をそつなくこなし、高い遂行力を持ちますが、インプットがないとアウトプットが出せない特徴を有しています。

一方で、マネージャー寄りはチームプレイや拡散、応援力が高いですが、流行りやブーム、スポーツ観戦、お祭りが好きで、トレンドに振り回されることがあります。

共通の特徴としては、自らが出すぎる（目立つ）ことを避ける傾向にあり「能ある鷹は爪を隠す」状態になりがちです。「場の空気」や「常識」「人の目（世間体）」を気にしすぎる人が多いです。

反対にいえば「ＫＹ（空気読めない）な人」や「自己中」な人に敏感で、非難する傾向にあります。

仲間意識の強さや同種のネットワーク形成に長けているので、伝達力の強さや拡散力の高さは6タイプの中で圧倒的といえます。

反面「肩書」「権威」「エビデンス」「知名度（フォロワー数）」に弱い傾向にありますが、世間の動向や市場原理をつかむのがうまいともいえるでしょう。

▼活かすべき点

・圧倒的なネットワーク
・仲間づくりのうまさやチームワーク
・与えられた役割に対する遂行力

▼注意点

・人に利用されやすく、やりがい搾取などに注意
・自己主張が失われ、没個性になるおそれ
・目的やミッションよりも、同調圧力に走るリスク

▼**クセつよ**

・強力な仲間やネットワークの存在

・自分が推す商品、サービスに関するすぐれた営業トーク

・エビデンスや権威にもとづくアプローチ

▼**クセよわ**

・自己主張や持論が弱い

・主体性を軽視しがち

・非常識や孤立への耐性

▼**人物像**

レイ・クロック（経営者）、上杉謙信（戦国武将）、新庄剛志（野球選手）、フォウ・ムラサメ（機動戦士Zガンダム）、月野《つきの》うさぎ（美少女戦士セーラームーン）、ベジータ（ドラゴンボール）、藤原《ふじわら》はづき（おジャ魔女どれみ）、力石徹《りきいしとおる》（あしたのジョー）、野乃《のの》はな（HUGっと！プリキュア）、ちいかわ（ちいかわ）

アンバサダー（伝道者）

～伝達と拡散に力を注ぎ
市場に寄り添う～

- 基本的には優秀でそつなく物事をこなす
- 外部からのインプットないと困る
- 決まりを守りチームプレイが得意
- トレンドや周囲に振り回される傾向
- 自分が出すぎることをさける
- 空気や世間体、常識、他者の目を気にする

〇相性のよいタイプ

マスター
（研鑽者）

マネージャー
（管理者）

×相性の悪いタイプ

クリエイター
（創造者）

マネージャー（管理者）タイプ

▼特徴「人事と組織管理は得意だが実務は苦手」

マネージャータイプは、観点が客観型で革新的な行動原理の側面が強いタイプです。**このタイプは6タイプ中、もっとも他者を活かすことにすぐれたタイプで、関わる人や集団のメンバー全員がうまくいくことがベストと考えています。**

まさに「全体最適」という言葉がピッタリで、局所的な理屈よりも大局的な構造理解を好みます。

逆にいえば、細かい知識や作業が苦手で、実務も自らがおこなわず、人に任せる傾向にあります。そのために、必要な体制構築スキルや人当たりのよさ、信頼構築のうまさは目をみはるものがあります。

なお、人を統率するためには大きなビジョンを示す必要があるため、チームリーダー経験豊富なマネージャータイプの人は、度量が大きいタイプが多いですが、少し大言壮語な印象を与えることもあります。

また、革新的な傾向の強いマネージャータイプは、トレンドや人間関係で指標が変わるため風見鶏《かざみどり》なところがあり、コロコロ意見が変わると評価される傾向があります。

▼活かすべき点

・多数の人にとって快適な場づくり力
・人当たりのよさと信頼性
・しくみづくりやルールメイキングスキル

▼注意点

・でしゃばりと思われるおそれ
・加減しないと他者の労力搾取になりかねない
・信念がないタイプは他者を振り回す

▼クセつよ

・巻き込み力と指導力

・使命感や責任感
・マイルールの強要

▼クセよわ

・内面的な感情の表現
・自主性が低い
・個別事情の考慮

▼人物像

ヴィタリック・ブテリン（経営者）、徳川家康（戦国武将）、古田敦也（野球選手）、ハマーン・カーン（機動戦士Zガンダム）、水野亜美《みずのあみ》（美少女戦士セーラームーン）、フリーザ（ドラゴンボール）、魔女界の女王様（おジャ魔女どれみ）、ホセ・メンドーサ（あしたのジョー）、雪城《ゆきしろ》ほのか（ふたりはプリキュア）、ハチワレ（ちいかわ）

マネージャー(管理者)
〜人を活かし規律をつくる〜
・関係者全員にとっての最適解を導きたい
・関わる人、みんながうまくいくことがベスト
・自分が作業をするよりも、人に任せるのが得意
・理論的で構造分析などが好き
・少し大言壮語するところがある
・少し風見鶏なところがあり、意見が変わる
相性のよいタイプ
相性の悪いタイプ
アンバサダー
(伝道者)
イノベーター
(革新者)
アレンジャー
(改良者)

イノベーター（革新者）タイプ

▼特徴「大失敗か大成功か、未知に挑むカリスマ」

イノベータータイプは、観点が主観型・客観型のいずれにもかたよらず、革新的な行動原理の側面が強いタイプです。

自分や周囲の事情よりも、時代の趨勢《すうせい》や流行、将来性を追い求める傾向があり、他者はおろか、自分さえもないがしろにするおそれのある特異なタイプです。

イノベータータイプは、生来の気質であることもありますが、多くはクリエイタータイプが客観型の観点を得た場合や、マネージャータイプが主観型の観点を得た場合にいきつくことが多いといえます。

いずれも共通しているのが「誰もしたことのないことを最初にやりたい」という欲求です。**前人未踏なことやイノベーションを追求することから、大失敗するか、大成功（偉業を達成）するかに分かれがちなタイプでもあります。**

その独特の価値観は人に理解されにくく、人に理解されないことを意に介さない傾向にあり、他者が寄り添うことも困難で、独特の事業遂行をおこないがちです。また、自らの根拠すら言語化するのも苦手なところがあり、周辺を振り回しがちになります。他者からの理解や安定性にかける特徴が目につきますが、主観や客観に引きずられない強い意志と行動力も感じられカリスマ性が高く、コアなファンができやすいです。

▼活かすべき点

・既成概念にとらわれない開拓精神
・先端のトレンドや最新の情報の収集力
・独特さとカリスマ性に根差した、エッジのきいたブランディング

▼注意点

・当初は人を巻き込みやすいが、根拠が弱く置いてけぼりにしがち
・本人ですら走りながら考えるので、標準化に時間がかかる
・採算度外視な面がある

▼**クセつよ**

・ムーブメントの創出力
・興味や話すネタが日々変わる
・圧倒的な自信と強い野心

▼**クセよわ**

・共感性と安定性の低さ
・コツコツと積み重ねる計画性のなさ
・理解者の不足

▼**人物像**

イーロン・マスク（経営者）、織田信長（戦国時代）、大谷翔平（野球選手）、カミーユ・ビダン（機動戦士Zガンダム）、土萠《ともえ》ほたる（美少女戦士セーラームーン）、ピッコロ大魔王（ドラゴンボール）、瀬川《せがわ》おんぷ（おジャ魔女どれみ）、ハリマオ（あしたのジョー）、ローラ・ラメール（トロピカル〜ジュ！プリキュア）、うさぎ（ちいかわ）

イノベーター（革新者）

～未知のことに挑戦し
既成概念を壊す～

・誰もしたことのないことを最初にやりたい
・ブレない信念と行動力
・大失敗するか、大成功（偉業を達成）するか
・カリスマ性が高く、熱心（コア）なファンができやすい
・自分の根拠や動機の言語化が苦手
・ややナルシストでヒロイックに酔う傾向

相性のよいタイプ

クリエイター
（創造者）

マネージャー
（管理者）

相性の悪いタイプ

マスター
（研鑽者）

自分のタイプを知ってどうするか？

ここまで、観点や行動原理から分類した6タイプの価値観をご紹介しました。

各タイプの詳細でも記載したように、クセ立てリングには「相性が悪い組みあわせ（相対するタイプ）」や「相性のいい組みあわせ（隣接するタイプ）」があります。

クセつよ経営者たちと関わっていく方々は、基本的には本章でお伝えしたチェックリストで対人相手のタイプを分析し、第4章の攻略法を活用して、社長や個人事業主、フリーランスといったクセつよたちと良好な関係を築いてください。

ここでは**「自分のタイプを知ったあとにどうすべきか」**についてお話しします。

何度かお話ししてきたように、対人関係の理想はブロック玩具型で考えるべきでしょう。そのためには、自分のタイプを知る、言いかえれば自分のクセの強い部分を知った上で「まず事実を受け入れる」ことが重要です。

この本では、自らの観点と行動原理にもとづいて6タイプを設定しています。それは間違いなく、自分の価値観や信念と相互作用しているのです。

タイプごとに記載された特徴には、賛同できるものもあれば、不本意なものもあったに違いありません。これらは自らの観点と行動原理にもとづいて言動した結果、少なくとも他者にはそういうふうに感じられている、ということです。

この場合、みなさんがとりたくなる行動は、おそらく次のどちらかになるでしょう。

①不本意な部分で対人関係を不調にしないため、相性の悪いタイプの前では気をつける

②不本意な部分を改善するため、クセの部分を弱める

このうち一般論としては、①の「相性の悪いタイプの前では気をつける」を推奨します。場合によっては「気をつける」どころか、相性の悪いタイプとは「距離を置く」のも一つの手です。

クセつよ診断チェックリストによって導かれるタイプは、単に「○○タイプ」というだけでなく、「P点」や「I点」の計算の結果、目盛りの位置が極端に外側にかたよった（かなりクセの強い）「○○タイプ」もあれば、中心のほうに位置する（クセが強すぎない）「〇〇タイプ」など千差万別です。

クセ立てリング上、この距離が相手と遠ければ遠いほど、価値観が極端に違いますので、ふるまいに気をつけるだけでなく、距離を置くほうがうまくいく場合はあります。

ですが、**これからの時代の変化を踏まえると、チェックリストで自分のタイプを知ったら、その特徴（クセつよ）をおさえるのではなく、むしろドンドン伸ばすほうがうまくいく**時代に変わっていくのではないかと考えています。

ドンドン伸ばした上で、相性の関係で対人関係が不調に終わる相手とは無理に直接関わらなくても、ビジネスはやっていける時代になると予想しているのです。

隠された第7のタイプ「コーディネーター」を目指せ！

ただ、もし診断結果が中心のほうに位置するクセの強すぎない方の場合、あるいはクセが強い診断結果だったとしても、やる気が相当ある方については②の「不本意な部分を改善するため、クセの部分を弱める」にチャレンジするというのもアリです。

これが、最後にお伝えする第7のタイプ「コーディネーター（調和者）」です。

コーディネータータイプは努力次第で、誰でもなることはできます。

さらに、ほかの6タイプと異なり、すべてのタイプと調和（良好な関係構築）することができるタイプです。クセ立てリングの中心の空白部分に該当した人は、すでにコーディネーターである可能性も高いと思います。

ただし、本当は「不本意な部分を改善するため、クセの部分を弱める」だけでは、これを実現することはできません。

そこで、まずコーディネーターになるための方法を列挙します。

- **すべてのタイプの特徴を理解する**
- **すべてのタイプの特徴を修得する**
- **相手のタイプにあわせて、臨機応変に相性のいいタイプに切り替える**

じつはこれ、けっこう難しいことを書いています。しかし、努力次第で誰でも遂行することは可能です。

これまで本章では「ペルソナ」「シャドウ」の違いを除き、あたかもすべての経営者がいずれか一つのタイプに絶対的に該当し、限定的な特徴（クセ）があるというふうに説明してきました。

しかし実際、かなりの成果を上げている経営者は、いくつかの要素を兼ねあわせているほうが多かったりします。こういった複数の要素を持ちつつ、相手によって柔軟に変えられる経営者が対人相手の場合は、苦労することなく調和するのは容易です。

そのため、本書では柔軟ではなくクセの強い（タイプが際立っている）経営者を前提として話を進めています。逆にいえば、**もしコーディネータータイプを目指せば、調和できない経営者は、ほぼいなくなる**ということでもあるのです。

コーディネータータイプは努力次第で、誰でもなることができます。

そのためには、まず自分のタイプを知ること。さらに、重要な相手のタイプを瞬時に判断して相手の価値観を尊重し、受け入れて調和を目指すことが重要です。

次章でご紹介するタイプ別の接し方は、その実現に必要な手法をギュっと凝縮してお話ししていきます。

第4章／6タイプ別攻略法　「この接し方」で口説く

9／タイプ別攻略に必要な3つの法則

前章で、自分や対人相手のタイプを知る方法をお話ししましたが、この章ではいよいよタイプ別の攻略法、とくに「どのように接したらいいか」を説明していきます。

第3章の章末では、6タイプとは別の「コーディネーター」という役割を目指す意義をお伝えしました。ただ、**本章でお伝えする方法は、そのコーディネーターを目指す、目指さないにかかわらず、誰もが用いることができる対人関係テクニック**になります。

各タイプ別の接し方をお伝えする前に、すべてのタイプに向きあう際の共通の考え方についてお話しします。まず、第2章において説明した「価値観にあわせた調和対人関係5ルール」を覚えていますでしょうか。

ルール１　わかりあえないことを受け入れる
ルール２　相手のさまざまな価値観を受け入れる
ルール３　相手の価値観は相対的にはかる
ルール４　適切な関係性を築くためのポイント
ルール５　指示やお願いするのではなく「この指とまれ」と呼びかける

本章で解説するタイプ別の接し方も、基本的にはこの5ルールの考え方のうち「ルール１」「ルール２」から派生しているものになります。
また、各タイプに向きあう際には、次の「対人関係３つの法則」を強く意識してください。

法則１　人がもっとも関心の強い事柄は自分のこと
法則２　人は誰でも自分を認めてほしい
法則３　理想は水のようにふるまうこと

本書で何度も強調していますが、調和する対人関係は、自分の価値観を無理やり相手にはめ込もうとするパズル型対人関係ではなく、異なる価値観がうまく組みあわせられる状態を目指すブロック玩具型対人関係です。

そのため「価値観にあわせた調和対人関係5ルール」のうち、ルール1の「わかりあえないことを受け入れる」ことが重要です。さらに、ルール2の「相手の価値観を受け入れる」ことも重要です。

これらの「受け入れる」は、相手の価値観をわかろうとする（理解する）必要まではないこともお伝えしました。

しかし、攻略しようとする場合は、それだけでは足りません。ある程度、能動的なはたらきかけをする必要が生じます。どうしても**「わかりあえないこと」**を知り**「価値観を受け入れ」たあとに、さらにもう一歩、積極的なはたらきかけが必要になる**のです。

そのはたらきかけを実践する際に必ず気をつけるべきポイントが、この「対人関係3つの法則」なのです。

法則1　人がもっとも関心の強い事柄は自分のこと

人の観点「主観型」「客観型」にかかわらず、人は誰でも、もっとも関心の強い事柄は「自分のこと」になります。行動原理が「伝統的」であったとしても「革新的」であったとしても、もちろん同様です。

「主観型」は自分が何を好み、何を嫌い、何に対して喜び、あるいは悲しむのかといった視点が強いためわかりやすいですが、客観型においても「自分が外部からどう見られるのか」「外部の環境にとって自分はどう価値があるのか」「外部に何をできるのか」といった観点なだけで、関心の対象はあくまで自分であることには変わりありません。

行動原理についても、伝統的な事柄を軸にして行動することが「自分にとって」安心できるのか、革新的な事柄を軸にして行動することが「自分にとって」やる気になる（あるいは刺激になる）のかということです。つまり結局、関心の大半は自分なのです。

逆にいえば、**対人関係において、相手がどんなタイプであっても「その人のことに最大の関心を持って向きあう」ことができれば、それだけで風通しはよくなる**のです。

法則2　人は誰でも自分を認めてほしい

人間は生きるにあたって、たいていの場合は「欲求」を満たすために生きているといっても過言ではありません。

第2章において多様な価値観を説明する際、経済動向や社会的背景によって変化する価値観の背景として「欲求の変化」をお話ししました。これが起きるのも、人間の根源的なことが「欲求を満たすために生きているから」にほかなりません。

対人関係においてもっとも影響の強い欲望とは「対人欲求」と「自己顕示欲」あるいは「承認欲求」です。対人欲求とは「人と関わりたい欲求」あるいは「人と関わりたくない欲求」です。そして「自己顕示欲」とは、自分をアピールしたい欲望や目立ちたい欲望で、「承認欲求」は自己顕示欲の一部で人に認められたいという自己顕示欲です。

ですから、**対人関係を攻略する際には、対人欲求の理解も必要ですが、とくに重要なのは承認欲求を理解すること**なのです。

とくに承認欲求の性質は、6つのタイプごとに異なりますので注意が必要です。

法則3　理想は水のようにふるまうこと

これは「対人関係3つの法則」の中でも、とくに重要な法則です。

およそ2500年前に書かれた『老子道徳経』という書物をご存じでしょうか。老とは人の呼び名です。そして「子」とは先生のこと。道徳経の「道徳」とは、現代の「道徳」とは意味が違い、自己啓発書のような意味合いです。

つまり「老子道徳経」は、2500年前の老先生が書いた自己啓発書のようなものです。ただ、その内容は現代でも通用します。

僕は中学生のころから『老子道徳経』に強く影響を受けていますが、その中でも最重要なのは「上善は水のごとし」というふるまいです。これは、僕の長い対人関係でつちかった成功事例を強く支えてくれました。少し内容を引用してみましょう。

「本当に素晴らしいふるまいは水のようである。水は万物をうるおし、利を与えるが、かといって決して主張をしない。どんな器にもあわせて形を変え、対立とは無縁で争わ

ない。高いところから、人がイヤがる低いところへ自ら流れていく」

水は一見、弱々しいですが、じつはかなり堅いものすら打ち砕けます。自らは壊れることがないけれども、強いものを打ち砕ける理想の水のふるまいは、どんなに強烈な「クセつよ」であっても攻略できるでしょう。

老子は、ほかにも「柔よく剛を制す」とも説いています。**ある意味においては「上善は水のごとし」が、本書の根本原則といっても過言ではありません。**

具体的にいえば、相手のタイプにあわせて柔軟に対応を変えることや、自分の価値観よりも相手の価値観を活かすこと、相手が相性の悪いタイプの場合は直接向きあわないこと、さらに、つねに下手の態度に出ることなどが「水のようにふるまうこと」として本書の骨子を支えています。

これがしっかりできれば、調和した対人関係を築くだけでなく、クセつよな経営者を口説く場面でも効果を発揮できます。

10　「6タイプのクセ」を活かした絶妙な接し方

それでは、いよいよ「対人関係3つの法則」を踏まえたタイプ別の接し方を解説していきましょう。

マスター（研鑽者）タイプとの3つの接し方

マスターはルールを重んじ、自分が固く信じる事柄を研鑽し続けるタイプです。言いかえれば、その人の人生にとってもっとも優先度の高いもの、得意としているものなどがハッキリしているともいえます。

したがって、このタイプとの接し方の基本は、次の3つです。

①相手の調子や言葉遣いにあわす
②もっとも大事にしているものを見抜く
③何が得意で、何が苦手なのかを理解する

じつはマスターは6タイプの中でも、もっとも基本的なタイプです。つまり、マスターとの接し方で用いるメソッドは、本書における対人メソッドの基本の部分となり、ほかの各タイプに対しても大切なものとなります。

もし今現在、マスターへの対応を想定していない方についても、この3つのメソッドは必ず目を通しておいてください。なお、マスターとあわせて、後述するイノベーターに対するメソッドも基本の部分となるため、あわせてご参照ください。

▼①相手の調子や言葉遣いにあわす

マスターは、とにかく大事にしているものや価値観がハッキリしているのが特徴です。そこで、相手のことが引き出しやすい基本的な会話術からはじめます。

具体的には「相手の仕草や表情、話すスピード」を尊重しつつ、相手中心の話題を展開することです。話題展開の仕方は「5W1H」を頭に描けば問題ありません。「What（あなたの○○は何ですか？）」→「Why（なぜですか？）」→When（いつからorいつですか？）」→「Where（どこでですか？）」→「Who（誰とですか？）」→「How（どのようにですか？）」といった具合です。

ただし「What」の段などで、いきなり「あなたが大事なものは何ですか？」とか「何を重視していますか？」のように、ストレートに聞いてはいけません。

ストレートすぎる話題の展開は警察の事情聴取のようになりやすく、かえって相手の心が閉じてしまう可能性が高いのです。

あくまで池の底にある土に対して、水を掻いて掘り進めるかのような、おだやかな進め方で核心に迫ることで、本人も気づかない価値観や信念が掘り起こされます。

その上で、以下の2パターンを頭に入れておきましょう。

◇相手があまり話さない、話し方のモチベーションがふだんより低いとき

別の話題の展開に徹します。この場合、自分の関心のある話題ではなく、相手に関する話題を振ることが重要です。

相手の職場のこと、経歴、実績、趣味、仕事仲間、知人、身につけているものなど、あらゆる角度から相手の価値観や信念を掘り起こすように努めます。

なお、事前に調査する時間があれば、下調べをしておくほうがいい結果を生みます。

◇相手がノリよく話しているとき

「へーっそうなんですか!」「それはすごいですね」「△△なんですねー」など、明るく大きくリアクションをします。

とくに3つ目の「△△」は相手が強調した言葉をオウム返しする手法です。オウム返しした際に相手の機嫌がいい、あるいはうなずきが強い場合は、大切な価値観や信念に近づいている可能性が高いといえます。

なお、相手の大事な価値観や信念に関する話題は、ますます相手の話し方に勢いがつきます。

一方で社交辞令的な、あたりさわりのない話題だった場合は「予想外」あるいは「少しビックリした」リアクションをとるので、先に述べた「別の話題の展開」からやり直します。

基本的な会話術という意味では、話が進むにつれて、相手がよく出すキーワードや、話題に関する事柄をこちらも復唱したり、そこから広げていったり、あるいは知っている話題の場合は、特定の用語をこちらから投げかけてみて、相手の反応や話題の盛り上がりをはかることが重要です。

▼②もっとも大事にしているものを見抜く

相手と基本の会話術をしていると、次第に次のいずれかが判明します。

・相手が時間をかけていること、もの
・相手がお金をかけていること、もの
・相手が尊重していること、もの
・相手が現在の仕事や趣味に行きついた背景

これらは、マスターが「重んじているもの」や「信じている」ものであることがほとんどです。そこで、マスターの解説ページをあらためてご覧ください。

マスターは、重んじているものを破る人間が許せません。また、融通がきかない頑固な面があり、これまでのやり方を変えることを嫌います。

つまり、**マスターと良好な関係を築くには、掘り起こした「重んじているもの」や「信じているもの」を決して否定しないこと**です。

さらに、プロジェクトを一緒に進めたり、説得などをしたりする場合は、あなたがそれらを深く知ることです。必然的に打ち解けることができ、信頼関係も強まります。

このように、マスター攻略は、相手がもっとも大事にしていることを見抜くことが最重要なのです。

▼③何が得意で、何が苦手なのかを理解する

マスターと良好な関係を築いたり、信頼関係を深めたりする方法はわかりました。

次は、マスターとのトラブルを回避する方法をお伝えします。

先ほどの「重んじているもの」や「信じているもの」を決して否定しないことは大前提ですが、それに加えておこなうべきは、マスターの得意なことと、苦手なことを理解することです。

これはもちろん、ほかのタイプに対しても大切なのですが、マスターはとくに融通がきかない頑固な面があります。

そのため、本人が得意としているものが役割としてあるのに、ほかの人に任せるとか、本人が苦手としていることを役割として依頼してしまうということは火種となるのです。

ここでは簡単に、相手の得意、不得意を見つける方法を列挙しておきます。

◇得意なことをしている場面でとる行動

・全身の力が抜け両手の動作が大きい……余裕のあるときにあらわれる
・前傾姿勢になっている……熱中しているときや興味の強いときに見せる
・自分の行為を事細かに説明する……自分の行為に自信や誇りがあるときにとる
・時間を気にしていない……得意なことをしているときは疲れにくく時間を忘れる

◇苦手なことをしている場面でとる行動

・口元に力が入っている……不安や緊張、怒りがあるとき
・声が高い、早口である……窮地に立たされているとき、不安なとき
・拳を握っている……不快感や緊張の状態にあるとき
・両手の動作が小さい、鈍い……自分の行動に自信がないとき

これらをヒントに、マスターの得意なこと、苦手なことを見つけ出し、得意としていることで頼り、苦手としていることを押しつけないことが重要です。

アレンジャー（改良者）タイプとの3つの接し方

アレンジャーは、伝統やルール、既存のものに疑問を感じて、自分の思うように改良したいタイプです。とくに、好きなこと・もの・人、共感できることに時間やお金を使いたいと考えています。

対人関係では、自分の思ったことはストレートにぶつけてしまう、興味や関心のない

ものには淡泊な傾向が見てとれるでしょう。簡単にいえば、好き嫌いがハッキリしており、自分を曲げないということです。

したがって、このタイプとの接し方の基本は、次の3つとなります。

①その人の好き嫌いを見抜く
②好きなことを与え、嫌いなことを押しつけない
③発言や表現に関して相手の視点に立つ

▼①その人の好き嫌いを見抜く

もちろん、すべての人に「好き嫌い」はあるのですが、アレンジャーの場合は、それが価値観のベースとなっており、信念にすらなっていることがほとんどです。

それがアレンジャーの行動原理に大きく作用していますので、6タイプの中でもっとも「好き嫌い」を把握することが最重要となります。

まずは対象別に、僕がふだんアレンジャーの好き嫌いを知るヒントとしている方法をお伝えします。

なお、ここでは、マスターの項でお伝えした「5W1H」の話題展開方法以外の方法を列挙します。

◇好きなものを知る4つのチェックポイント

①ケース、アクセサリー、シール、壁紙など、スマホやパソコンには必ず好きなもののヒントがある
②多くの場合、カバンや手帳、鍵などに好きなものがついていたり入っていたりする
③休日の過ごし方を聞く。休日をイヤなことで過ごす人はあまりいない
④近年ではSNSやブログが、もっとも手っとり早く相手の好きを知ることができる

◇好きな人を知る5つのチェックポイント

この場合の好きな人とは「好きな有名人」や「恋愛対象」という意味ではなく、仕事相手として好んでいる対象を知る方法です。

①話題に出やすい個人名。人は関心の高い人や親しい人の名前を会話によく混ぜる
②声のトーン。好んでいる相手と話しているときはトーンが高くなる

③目の瞳孔《どうこう》。好んでいる相手、関心の高い相手を見るとき、目の瞳孔が大きくなる
④姿勢。直立不動で向きあうのは従順な相手。全身の力を抜いて向きあうのは心を許している相手
⑤言葉遣いや仕草が似ている者、笑うタイミングなどが近い者同士は親しい傾向にある

◇趣味を知る4つのチェックポイント

なお、休日の過ごし方とSNSをチェックする方法は、趣味を知る場合と同様です。
①パソコンのブラウザに表示される広告は趣味に関連するものが多い。ただし、チェックがストーカーのようにならないよう注意が必要
②服装の好みは、向きあっている趣味に影響を受けることがある
③車に乗れる機会があれば、後部座席や荷台に趣味に関するモノがあることがある。また、音楽の趣味がわかる場合も
④好きな本や、よく見るＹｏｕＴｕｂｅ番組を聞くと趣味がわかりやすい

◇好きなことをしているときの４つの特徴

①口数が多くなる傾向がある
②価値観に沿った場面で採算や効率性を度外視する
③顔の表情が緩んでいる
④作業や思考についても、自分から積極的に関与しようとする

◇嫌いなものや人の前でとりがちな４つの行動

なお、ＳＮＳは好きなもの同様、嫌いなものを知ることができる場合もあります。
①目をそらす、閉じる。無視する、その場を離れるといった行動をとる
②声のトーンが低くなる
③眉を寄せる、口をとがらせる、笑顔が消えるといった表情になる
④テンションが低くなったり、機嫌が悪くなったりする

◇嫌いなことをしているときの４つの特徴

①口数が減る傾向がある

②言い訳が増える。着手しない理由や遅れている理由をたくさん説明する
③何かをしていても無表情になっている
④「しないと」「○○られる」「○○られている」など受け身の言葉を使う

▼②好きなことを与え、嫌いなことを押しつけない

アレンジャーの好き嫌いを見抜くヒントをお伝えしましたが、これらを踏まえて大切なことは、ここで見抜いた好き嫌いが、アレンジャーの行動原理に影響を与えているということです。

もう少しハッキリいえば、アレンジャーは好きなことには積極的に関与しますが、嫌いなことには、まったく関与しないか、仮に関与しても「機嫌が悪くなる」「内心では責めている」という状況になり、対人関係に大きな影響が生じます。

そのため、**対人関係を調和させるために、基本的にアレンジャーには好きなものを担当してもらう必要がある**のです。

アレンジャーに適した役割や仕事をお願いした場合の効用は次のとおりです。

・本人の価値観を活かせるため関係性が良好になる
・他タイプにとっては「非効率」「負担」なことを軽々こなしてくれる
・他タイプのものよりも斬新で、クオリティの高い成果になりやすい（高付加価値）

どれをとっても、対人関係としてはいい掛け算になります。

一方で、アレンジャーにとって嫌いな役割や仕事をお願いしてしまうと大変です。外から見て明らかなものから、わからないものまで次のようなデメリットが生じます。

・文句を言う、威圧的な言動をとる、怒鳴るなど攻撃的にふるまう
・一見、主張はしないが内心で「これのせいで（ために）」「この人のせいで（ために）」といった他責の思いや恩着せがましい感情が芽生える
・「自分なんて」「意義を見失った」「これ（この人）は嫌い」というマイナス感情が募る

いうまでもなく、これらは対人関係に大きな支障を生じさせます。

僕が今までプロジェクトやグループに関わってきた中でも、アレンジャーに対するほかのタイプの接し方が、見えない火種になっているケースを度々見てきました。

関係者のタイプ分析という考えがなく、一律に対応してしまうことの弊害といえます。

では、ここまでの内容を踏まえて、アレンジャーと良好な関係を築くための対応術をいくつかご紹介しておきます。

▼③発言や表現に関して相手の視点に立つ

「その人の好き嫌いを見抜く」では、好きなものや、嫌いなものなどを言動から判断するヒントを説明しました。逆にいえば、**アレンジャーに対して、好きなものや嫌いなものを提供することで「その言動」をとることが推測できます。**

たとえば「アレンジャーの好きな分野のプロジェクトを提案すれば、そのアレンジャーが採算度外視で積極的に役割を引き受けてくれる」「アレンジャーの嫌いな話題を出してしまうと、そのアレンジャーのテンションが下がり、口をとがらせ無視をする（あるいはその場を離れる）」といった言動をすることが予測できるようになるのです。

悪いケースでは、こういう言動をとらない場合、先ほど説明したアレンジャーの「攻撃的なふるまい」「内心の他責」「マイナス感情が募る」といったデメリットにつながるおそれも生じます。

▼事実・感情・思考の整理術

これは、対アレンジャーで有効な方法です。主観型の中でも、前例や伝統に根ざしているアレンジャーは「自らの心や感情に忠実」という特徴があります。

それが行動原理に影響を与え、いい方向に出ているときはいいのですが、悪い方向に出てしまっている場合は、こちらが冷静に「事実・感情・思考」の切り分けをしてあげることが有効です。

アレンジャーの弱点は、事実と感情をごちゃまぜにして思考することです。

たとえば「自分にばかり大変な作業を押しつけている。きっと嫌われているんだ！」とか「こちらが送ったメッセージに返信がない。きっとやる気がないんだろうな」というふうに、事実に対して感情的な思い込みを乗せて思考してしまうのです。

これに気づかずにいると、やがて「この人、ムカつく。もうこの人とは仕事しない」といった対人関係の不調に行きつくおそれがあります。

そこで、**アレンジャーに対する際は「自分が伝える内容について、事実と感情（あなた視点では解釈）の違いを明確にして伝える」ことが有用**です。

先ほどの例でいえば、その対策例は次のとおりです。

・作業を依頼する場面
「○○さんなら、△△だからお願いできればと思うんだけど、□□をしてもらうことはできますか？」

↓頼む内容（□□）という事実に誤った解釈が乗らないよう、意図（△△）をしっかり伝えることで、アレンジャーの感情と事実が混在する思考を防ぐ。

・メッセージを返信できなかった場面
「○○さんからのメッセージにすぐに返信できませんでしたが、△△という状況のためです。申し訳ありません。解消しだい迅速に対応しますので、お待ちください」

↓すぐに返信できなかった理由（△△）と、こちらの本音をしっかり伝えて、アレンジャーの感情と事実が混在する思考を防ぐ。

この解説をアレンジャー以外の方が見ると「いやいや、そんな言い訳のような説明ばかりしなくても、わかるでしょ？」と思われるかもしれません。

ですが、それこそが価値観の違いになりますので、アレンジャーとうまくいかないことが多い場合は、一度試してみてください。

▼困ったときの「リフレーミング」

最後に、アレンジャーとトラブルになった場合の代表的な対処法をご説明します。

何度もお伝えしたように、アレンジャーは好き嫌いが行動原理に影響を与えます。このことから、トラブルの根本原因も、アレンジャー自身の内面や感情にあることが多くあります。

その根本原因を解消する際に、有効なのがリフレーミングという手法です。

リフレーミングとは、相手が形成してしまった思考の枠組みを形成しなおすテクニックです。 よくとり上げられる例として、コップに半分入っている水に対して「もう半分しかない」と思っている相手に「まだ半分もある」と思い直してもらう方法です。

たとえば、アレンジャーが取り組んだ仕事や作業に、やり直しが発生したとします。こういうとき、アレンジャーは「自分には向いていない」とか「自分の能力が低いせいで……」などと、事実と感情を混在して思考することがあります。

あるいは「このメンバーが悪いから」とか「この人がちゃんと説明しないから」というふうに考える可能性もあるでしょう。

このような、**なんらかの不穏な気配を感じた際にはリフレーミングの出番**です。「○○さんがしてくれた内容がとても斬新だから、よりよくするために、バージョンアップさせたいみたいだよ」とか「今回、□□さんの段取りや進め方と、○○さんのやり方の違いが明確になったから、今後とてもうまくいく方法がわかってよかった」というふうにリフレーミングすることが、アレンジャーとの不調改善に有効となるのです。

クリエイター（創造者）タイプとの3つの接し方

クリエイターは、その成果や取り組みがモチベーションに左右されるなど、ほかのタイプからは理解できないこだわりや探求心があります。

革新的な行動をとりながら、主観を貫き続ける中で、ほかのタイプとは異なる感性やセンスを磨いており、生み出す成果には高い期待が持てます。

ただし、自らの内面に向きあって成果を生み出すことが基本となるため、活動においてはモチベーションの高低が強く影響します。また、自らの感性やセンスを支えるプライドの高さが、良好な対人関係に影をさすこともあります。

したがって、このタイプとの接し方の基本は、次の3つとなります。

①何にこだわり、探求心が強いのかを理解する
②仕事や趣味に没頭できる環境をつくる
③必要以上に他者と交流させない

▼①何にこだわり、探求心が強いのかを理解する

クリエイターの特徴である「こだわり」や「探求心」の強さは、基本的にはビジネスにおいて成果を上げるために大切な「軸」となることが多く、決して短所として考えてはいけません。

また本人にとっても、自己肯定感が高く物事を主体的に考え、一途で前向きに判断・決定できるというすぐれた面があり、自らの取り組みに絶対の自信を持って向きあえるメリットがあります。

一方で対人関係においては「他者の意見を必要としない（他者への興味が薄い）」、「他者の評価（モノサシ）を気にせず、自己満足に走りがち」「主張を曲げずに他者の意見に否定的」といった不調をもたらす可能性があります。

ふだんは温厚に見えるのに、急に怒りだすことがあり、その原因は自らのこだわりに関することだったりするのです。

そこで、クリエイターと向きあう際には、クリエイターの「強いこだわり」や「探求心」がどこにあるのかを確実に把握し、クリエイターが活きる場づくりをすることが重要です。クリエイターのこだわりや探求心を知るためのヒントをいくつか列挙します。

・発言の内容……よく話題にすること、熱心に話す内容にはこだわりがあらわれる

・他者への関わり……基本、他者に興味がないのに、饒舌《じょうぜつ》、興奮気味、自信を持ち話すテーマにはこだわりがある場合が多い

・積極性……積極的にアイデアを出す、ものづくりをする、参加するなどの分野には強いこだわりがある

・一貫性……過去に何度も話したテーマ、参加した仕事やプロジェクト、成果物の傾向などにこだわりの共通点があらわれる

このように、クリエイターのこだわりを知り、理解することは、クリエイター自身のパフォーマンスを高めるためにも重要です。

アレンジャーにとっての「好きなもの・嫌いなもの」のように、こだわりのない分野に関わらされた場合のクリエイターのモチベーションの低下を防ぐためにも、しっかり「こだわり」を把握する必要があるのです。

▼②仕事や趣味に没頭できる環境をつくる

クリエイターのこだわりを理解できたところで、次はクリエイターが活きる場づくりを、どのようにしたらいいかについてお伝えします。

もっとも重要なのは、クリエイター自身のビジョンを明確にすることです。

クリエイターの観点は「主観型」であり、さらに革命的な行動をとるという、アレンジャー以上に他者の価値観を必要としない傾向があります。そのため、本人に「どうありたい」「どうなりたい」という自覚がない、あるいは低いことが多いです。

このことから、悪くいえば「いきあたりばったり」「その場そのときの思いつきで行動する」という、他者にとって協調しにくい行動が対人関係の不調につながります。そのため、クリエイターのビジョンを明確にすることが、対人関係の調和に結びつきます。

この際、クリエイターをとり巻く「外部環境」を踏まえて「目標設定」と「フィードバック」を実施することです。クリエイターは、自らのこだわりに自信を持っていますが、**その自信が「最善の成果に結びつくのか」「他者の協力なしに実現できるのか」「自分だけの知見だけで達成できるのか」という観点で問題ないか、自ら気づくようにうながす「目標設定」と「フィードバック」をすることがかなり有効**になります。

これを実現するための具体的な手順は次のとおりです。

１・こだわりを確認する

あなたが見出した「こだわり」が、クリエイター本来の「こだわり」と差異がないかについて、確認する必要があります。方法としては、クリエイターが今後、プロジェクトやビジネスで「どの領域に強みを持っていると思っているか」「どのような成果を出すようにしているか」を質問することで答えあわせができます。

2・目標設定する

見出したこだわりが、そのクリエイターの目指す方向に近づけるのか、気づきを与えるようにします。

ある分野の「先人」「過去の事例」などを参考にして「達成するまでの数値的目標」や「とるべき具体的な行動」「時代にあわせた再現性」など、具体的な質問をします。

クリエイター自身は、他者の意見を必要としていないですが、一方でこだわっている分野に関してのアイデアを出したり、企画をしたりすることが得意なので、こういう視点で質問するだけで、具体的な目標は容易に立てていけるはずです。

3・フィードバックする

出てきた答えに対しての優先順位を、さらに確認していきます。その際、それぞれの内容を、さらに詳細に深掘りすることを前提にすることが重要です。

詳細に検討する中で、他者の関与が必要な項目が出てくるはずです。そこで「○○はご自身でされるのですか？」とか「○○は他者にしてもらうほうが効率はよさそうですね」などというふうに、気づきを与えることが大切です。

４・場をつくる

クリエイターが他者の関与の必要性を感じるところまでいけば、あとはそこに必要な人材との仲立ちをしていくことで、場づくりの土壌ができていきます。

▼「コントローラブル」と「アンコントローラブル」

場づくりの土壌ができるということは、イコール対人関係における調和づくりに近づいたともいえます。ただし、クセつよ同士の対人関係を調和させるためには、ブロック玩具型、つまり型のあう同士の結合が必要です。

そこで大切なのは、**クリエイターと協調すべき人が、そのクリエイターと相性が悪い相手の場合は、あいだに双方と相性のいい人を挟むということ**です。

たとえば、クリエイターの成果を拡散する必要がある場合に、アンバサダーの力が必要です。しかし、アンバサダーとクリエイターが直接、拡散について協議しても、価値観があわずにうまく進まないことがあります。

その場合は、クリエイターとのやりとりをアレンジャーに、アンバサダーとのやりとりをマスターに託すということが有用なこともあります。その結果、マスターとアレンジャーで協調してもらうケースや、マスターとアレンジャーとあなたがチームとなってクリエイターを支えるなど、対応策はいくつか出てくるはずです。

クリエイター特有のこだわりや探求心を、高い成果として活かすためには、それなりの工夫が必要です。クリエイターが自ら自信を持って主体的に進めることができるものと、そうでないものをしっかりと切り分けることが重要なのです。

これを「コントローラブル」と「アンコントローラブル」の切り分けといいます。

▼③必要以上に他者と交流させない

また、クリエイターが成果を上げるためにも、クリエイターの価値観や仕事の進め方を理解しないタイプが、クリエイターが高い成果を生み出しうる環境を阻害しないように、注意する必要があります。クリエイターにかかわらず「高い集中力を発揮したい場面で、邪魔が入ると15～24％のムダな時間が発生する」という統計があります（ドイツシンクタンク「ネクスト・ワーク・イノベーション調べ」）。

ただでさえ、こだわりに対して高い集中力や探求心を発揮するクリエイターにおいて、このような横やりはトラブルの元になりかねません。

じつは「相性の悪い相手に邪魔されることで、人間関係の感情にも悪影響が生じる」という研究結果すらあるくらいです（マサチューセッツ大学ローウェル校「フェルドマン准教授研究チーム調べ」）。

なお、本書の第1章42ページから紹介した事例のAさんはアンバサダータイプであり、Bさんはクリエイタータイプです。この事例でプロジェクトがうまく進まない理由がここでお話しした内容になります。

アンバサダー（伝道者）タイプとの3つの接し方

アンバサダーは、優秀で物事をそつなくこなし、チームプレイが得意な反面、他者の影響を強く受け、何かしらのインプットを得ないと、主体的に行動するのが苦手です。

他者が道を示したやり方やあり方を実行面として遂行することに関し、アンバサダーほど適任はいません。一方で、他者が道を示さないと十二分に力を発揮しないという、双方の性質をあわせ持ちます。

このことから、**アンバサダーの対人関係においては、自らのパフォーマンスを高く発揮できる相手や仲間に、いかに恵まれるかが鍵**となっています。

したがって、このタイプとの接し方の基本は、次の3つとなります。

①大切にしている人間関係やコミュニティを知る
②物事の成果や価値を明確に示す
③「人のため・社会のため」など公共性を前提にする

▼①大切にしている人間関係やコミュニティを知る

対人関係を前提としたときに、まずアンバサダーに対して理解しないといけないことは「帰属感」と「選民感」という概念です。

帰属感とは、特定の集団に属しているという意識や感覚をいいます。

会社や地域、家族、グループ、チーム、ざっくりいえばコミュニティにおいて、自らがその一部として機能していることや、役割を全うしていることを感じている感覚をいいます。簡単にいえば、特定の集団の仲間であることを認識している状態です。

特定のコミュニティが、パフォーマンスを向上させるためには、それを構成するメンバーが持つ意識を高める必要があります。

これには、帰属感を高めることが重要といわれています。

というのも、**コミュニティで取り組むプロジェクトに関わるメンバーが、その目的や課題を「他人ごと」として考えていては、いつまでも終局しない**からです。

しかし、帰属感を持って、それぞれが「自分ごと」として認識し、それらがすべて集まって「みんなごと」となれば、コミュニティのパフォーマンスはかなり高いものとなります。

人間には、もともと「安心できる人のそばにいたい」という親和欲求があります。

個々の能力としても、そのコミュニティへの帰属感が高まることで、愛着やモチベーションが上がり、パフォーマンスの向上が期待できます。

客観型の観点を持ち、伝統的な行動原理に根差しているアンバサダーが、その能力を高く発揮するためには、まさにこの帰属感が重要です。

この帰属感の対象であるコミュニティに属さない人が、アンバサダーと良好な関係を保つためには、まずは帰属感を踏まえた上で、対象となるコミュニティを把握し、尊重することが大切となるのです。

いってみれば、**そのコミュニティをないがしろにすることは、アンバサダーのアイデンティティをないがしろにすることと同視**なのです。アンバサダーは、物事のミッションや意義よりも、帰属感そのものを重視するため注意が必要です。

また、さらに意識しておく必要があるのは「選民感」です。

選民感は、あるコミュニティに所属感を持って活動する人が、その所属感の結果、うまくいき、高い成果を出し続けることで、自らが、そのコミュニティにとって「重要な人間である」「選りすぐりの人間である」と思っている意識や感覚のことです。

アンバサダーが「選民感」まで有している場合は、注意が必要です。

なぜなら、選民感を持っている場合、そのコミュニティに属していない人間を下に見て接してくる可能性があるからです。

また、**選民感を持っているアンバサダーは、伝統的な価値観の悪い面が表出することがあり、肩書きや役職、学歴などを重視する意識におちいりやすい**傾向があります。

そこで、他者に対しても肩書や役職、学歴、あるいは属しているコミュニティによって態度を変えたりしてしまいます。こうなると、相手がどのタイプであっても（たとえ相性がいいタイプでも）、対人関係面では軋轢《あつれき》を生むおそれが生じます。

▼②物事の成果や価値を明確に示す

ここで、疑問に思われる方がおられるかもしれません。

本書の第1章で解説したように、経営者の多くは「特殊的好奇心」が強い傾向でコミュニケーションが苦手な人が多く、仲間ができない孤独ではなかったのかと……。

たしかに本来、経営者になるタイプは、圧倒的に特殊的好奇心が強く、その人らしさが強く出た「クセつよ」が多いです。しかし、この特殊的好奇心自体がコミュニティという、本来は苦手な対象に向かうということはあります。

そしてクセが強いがゆえに、さらにコミュニティの構成要素である所属感や選民感、言いかえれば、コミュニティというブランド、肩書、役職、学歴などを重宝することはあります。

これらを理解するのに役立つのが「承認欲求」と「権威性」です。

承認欲求は、本章の冒頭「対人関係3つの法則」において説明しましたので、ここでは、とくに権威性について説明します。

権威性とは、多くの人間が「権力を有すると感じる対象」に対して、無条件に信じたり、逆らいにくい感覚におちいったりして、したがってしまうという心理法則です。

注意すべきは「権力自体」にしたがうのではなく「権力を有すると感じる対象」にしたがってしまうという点です。たとえば、白衣を着た俳優と、ジーパンにパーカー姿の医者、両方が目の前にいたとして、自身の健康に関する指示を出されれば、人は実際の医者ではなく、俳優の意見にしたがってしまいます。

つまり、実際は集団に馴染めなかった人だとしても、そのコミュニティの権威性の恩恵を感じたことがあったり、肩書や役職、学歴などで優遇されるなどの価値観が形成されていれば、クセつよ社長であっても、集団にしたがったり、集団の構築したブランドや肩書を重んじてしまうことはあるわけです。

そこで、**こういったアンバサダーとの軋轢を予防するためには、逆に自らも権威性の心理法則にしたがうことです。**たとえば、相手が会社の知名度で権威性を発揮して、あなたを下に見てくるのであれば、知名度とは違った権威性（会社の実績や歴史、あるいは公的機関とのつながりなど）を示せばいいわけです。

または、アレンジャーの対応で出てきた「リフレーミング」を活用して、相手の感じる権威性という思考の枠組みを変えてしまうのも有効です。

▼③「人のため・社会のため」など公共性を前提にする

最後に、アンバサダーと行動をともにする際に、良好な関係性を保つための方法を説明します。

アンバサダーには、主観的な考えによる説得や、革新的な未知へのワクワクや開拓への希望などの価値観をもとにしても、効果が生じません。一方で、アンバサダーは、トレンドや世間体など外部の評価や指標にとても影響を受けます。

そこで、アンバサダーと相対する際は、互いの「正しさの判断」や「方向性の決定」をするために、「社会のためになる」「人のためになる」あるいは「世間の多くがどうふるまうか、考えているか」といった視点で話しあうことが効果的です。

アンバサダーにとって「人のため、世のため」や「世間の機運はこうなっている」という理由は、無視できない観点です。こういうアプローチを「社会的証明」といいます。社会的証明の効力をよく感じられる例としては、人が買い物をしたり、飲食店を選んだりする際に、クチコミサイトの評価やコメントに強い影響を受ける場合などです。

アンバサダーにとって、とくに有効なのは、そもそものアンバサダーが帰属感を感じているコミュニティや人間関係における「考えや価値観」をリサーチし、その視点で話すことです。**「あなたの所属する○○のメンバーなら、みんなこう考えますよね?」といったアプローチは非常に有効です。**

あるいは、時流的に、そのタイミングで重視されているような公的見解にもとづいて進めるのも、非常に有効です。たとえば「SDGsの目標12にもとづけば、食品ロス問題に向きあうほうがいいですよね?」のようなアプローチで話しあうことです。

これらを駆使してアンバサダーと協調できれば、物事をそつなくこなし、元来優秀なアンバサダーの能力に随分と助けられることとなるでしょう。

マネージャー（管理者）タイプとの３つの接し方

マネージャーは、関わる人、すべてがうまくいくことを目指し、全員にとっての最適解を導きたいと考えるタイプです。集団においてうまくいく方法を模索する中、理論や構造分析などを好み、反対に細かい仕事や作業などを自分ではしないようにしています。

多くの人から信頼される傾向にありますが、大言壮語するときがあったり、急に方針や発言内容が変わって見えたりすることもあります。**マネージャーと良好な関係を築くには、その言動の根拠をしっかり理解する必要があるのです。**

したがって、このタイプとの接し方の基本は、次の３つとなります。

①集団や組織の本質を理解する

②相手の考える全体最適を理解する

③上下関係なく対等に向きあう

▼①集団や組織の本質を理解する

マネージャーと向きあうためには、そもそものマネージャーのらしさ（クセ）が最大限に発揮される集団や組織について、詳しく知る必要があります。

まず、集団や組織には「共通の目的」があるものとないものがある、ということをご存じでしょうか。よく解説されるのはグループとチームの違いです。

ただ集団や組織が存在するだけで成立しているのは、グループです。グループは、その存在と構成員がいるだけでよく、グループが時折、何か目的を達成しようとすることもありますが、それは一過性のものにすぎません。

一方でチームは、ただ集団や組織があり、構成員がいるだけでは不充分です。チームの語源は「ｔｕｇ（引っ張る）」といわれています。つまり、構成員を引っ張る共通の目的があって、はじめてチームとして成立するのです。

マネージャーのマネージャーたらしめている要素は、彼らにとっての「関係者全員にとっての最適解」に導こうとする言動です。ただ、これがマネージャーをとり巻く集団や組織がグループなのか、チームなのかで是非が変わってしまいます。

たとえば、**グループにおいて、マネージャーががんばって仕切ろうとしても、単に空回りするだけ**となります。あなたは、マネージャーをとり巻く対人関係について、このようなミスマッチが生じていないかを判断することが必要です。

なお、本書では度々「コミュニティ」という表現を用いていましたが、それは集団や組織を広義に指し、グループとチーム双方を包括的に表現するためです。

▼「協調性重視」と「個の重視」のチームがある

さらに、マネージャーが本領を発揮するチームに対して、そのマネージャーが考える全体最適への理解が必要になります。対人関係においては、主に「方向性」と「しくみづくり」を理解するといいでしょう。

まず、チームの方向性は「協調性重視」と「個の重視」の2つがあります。

マネージャーが関係者全員にとっての最適解を導くタイプと聞くと「みんなで仲よく尊重しあって」という公平な姿を思い浮かべますが、あなたが向きあうマネージャーが必ずしも「みんな仲よく尊重」という方針とは限りません。

先に述べたように、グループと違って、チームは構成員にとっての「共通の目的」があります。つまり、**チームの共通の目的を果たすことこそが、関係者全員にとっての最適解**なのです。ですから、そのためには「みんな仲よく尊重」するほうがいい場合と、「みんな仲よく尊重」しあっていてはいけない場合が存在します。

前者が「協調性重視」で、後者は「個の重視」です。

チームの置かれた立場や目的によって、構成員が仲よく助けあって進めるほうが成果が上がることもあります。一方で、それぞれが個性を発揮して競いあったり、高めあったりするほうが成果の上がる場合もあるのです。

したがって、あなたが向きあうマネージャーの価値観がつかめないときは、相手の周辺が「グループ」か「チーム」かを見定め、チームだった場合も「協調性重視」か「個の重視」いずれの方針なのかを認識する必要があります。

▼②相手の考える全体最適を理解する

第3章のマネージャーの説明では、活かすべき点を「しくみづくりやルールメイキングスキル」と書き、クセつよとして「マイルールの強要」と書きました。

これは、チームの全体最適には、ルールづくりが高い効果を発揮することをマネージャーは誰より理解しているからです。

そこで、マネージャーが対人関係の場面で、なぜイライラしているのか、何を他者に求めているのかを知る手がかりとして、チームのルールづくりの要素を知っておくことをオススメします。それが、多くの人間が関わる場面で、マネージャータイプが全体最適を実現できると考えるポイントと共通する点が多いからです。

次に、いくつかのルールづくりの要素を列挙しておきます。

- **対象を絞る……しくみづくりは、詳細にルールを決めるほうがいい場合と、ざっくりした部分だけ決めるほうがいい場合とに分かれる**
- **権限の設定……ルールには、誰がどれだけのことを自由にできるか、といった権限の設定が重要になる**
- **責任の範囲……構成員一人ひとりの責任の範囲を決めるほうがうまくいく**
- **評価と対価…チームには構成員ごとの評価と、それに見あった対価の設定がされる**

このように、しくみづくりをする際に検討すべき要素がいくつかあり、マネージャータイプが集団に対して全体最適を施そうとすると、多くの場合は、これらの考案と浸透に頭を巡らすことになります。

したがって、あなたがマネージャーと良好な関係を築くには、これらを理解した上でうまくサポートするといいでしょう。

▼③上下関係なく対等に向きあう

最後に、マネージャーとのトラブルを防ぐ接し方をお伝えします。

集団や組織を全体最適に導く能力に長けたマネージャーですが、独裁のようなマインドにおちいるリスクも有しています。

第2章の「立場による価値観」でも触れましたが、人には役割効果という心理作用がありますす。当初は関係者全員のためにおこなってきたはずの役割やルールづくりが、次第に自分のエゴ（自己利益）のために取り組んでいることに本人も気づかない、という状況が起きることがあるのです。

その原因の一つが、アンバサダーの項でもお伝えした「権威性」です。

つまり、マネージャーをとり巻く人々が、やがてマネージャーに集団の最適化を委ねることに慣れてしまい、気づけば「あの人が言っているから正解なんだろう」と、発言やルールの中身ではなく「権威性」だけを盲信する状況におちいるのです。

さらに、周囲の人たちがみんな、似たような対応をしていることに安心しきって、引きずられてしまう「同調バイアス」という効果が、それを加速します。

その結果、**マネージャー自身も自らの言動が「みんなのため」と思っているのに、実際はひとりよがりにおちいってしまうリスクが生じてしまう**のです。

このズレが表面化しないあいだはいいのですが、これらが表面化し、それぞれが受け入れられなくなった場合に、大きな対人関係のトラブルに発展しかねません。これらトラブルを防ぐためにも、マネージャーと向きあう際には次のような対応が功を奏します。

- **相手の考える全体最適を理解しつつ、それを達成するための追加の提案を積極的におこなう**
- **相手の言動の背景にある意図をこまめに確認し、言語化する**

・マネージャー自身がすべき作業や仕事を引き受けない
・相手の進めるしくみづくりの効果や課題を把握し、的確に伝える
・相手が権威性を盾に要求してくる場合は、さらに上位の権威性で対抗する

これらをすべてまとめると、マネージャーと上下関係が生じないように気をつけ、対等につきあうようにすることです。

ほかの関係者すべてが「権威性」や「同調バイアス」に流されてしまったとしても、あなたが対等な関係を保ち、適切なサポートをすることで、マネージャーとのあいだに生じうるトラブルを未然に防ぐことができることでしょう。

イノベーター（革新者）タイプとの3つの接し方

イノベーターは、未知のことに挑戦し、既成概念を壊すといった誰もしたことがないことを最初にしたいと考えているタイプです。とがった行動や発言が多くなる傾向にある結果、コアな支持者ができる反面、多数の人から理解されない特徴を持っています。

本人も、ほかとは違った自分をよく思っているところもあり、他者の視線や思いを意に介さないところもあるため、目に見えるトラブルよりも、イノベーター周辺の人間関係のすれ違いや、周囲との関係の希薄化といった状況におちいることが多いです。

したがって、このタイプとの接し方の基本は、次の３つとなります。

①とらえどころがない要因を把握する
②適切な同調と対話をおこない相互作用する
③共感力を高める

▼①とらえどころがない要因を把握する

マスターの項でも書きましたが、マスターは６タイプの中でも、もっとも基本的なタイプです。そしてイノベーターは、その真逆に位置するタイプとなっています。

つまり６タイプ中、もっとも異端な存在となるのですが、一方で６タイプへの接し方や対人メソッドのベースはマスター向けのものと、イノベーター向けのものを対にして把握しておく必要があります。

マスターは、端的にいえば伝統的なものや、成熟・均一化したものを突き詰めるという高い安定性のある行動原理の価値観です。そこには、自らの内面（主観）や、自らをとり巻く外的要因（客観）に振り回されない、強い意志を持つといった特徴があります。

イノベーターは、これとは真逆の価値観です。すなわち、自らの内面（主観）や、自らをとり巻く外的要因（客観）に振り回されず、不安定な未来や変化、未知の領域に向きあうという特徴を持っています。

どんなに優秀な人間であったとしても、時代の変化や未来というものを明確に予測することは不可能です。そんな予測不能なことを行動原理にしているからこそ、イノベーターにはとらえどころがありません。

そこで、**イノベーターとの向きあい方のコツは、予測不能な行動原理であることを前提にし「具体的」や「定量的」な事柄で、イノベーターを理解したり、はかったりしないようにすること**です。

一方で「抽象的」あるいは「俯瞰的」な視野で、イノベーターと向きあうことは有用です。

たとえば、行き先（未来）だけを目的として、カーナビを使っても、道路の状況や、その時々の気分などで、選ぶルートや所用時間などは大きく変化します。しかし、行き先がある以上、大まかな方角や、漠然とした距離感などは把握することが可能です。

この大まかな方角や、漠然とした距離感というのが、イノベーターの持つ価値観であり、行動原理のイメージです。

道を進めるたびに出くわす状況変化を受けて、絶えず軌道修正されているからこそ、イノベーターを具体的に、定量的に「点」で追っても、理解することは難しいです。ましてや今は、過去18年の変化が1年で起こるといわれるほど、変化の激しい時代です。あくまで、イノベーターの感覚である大まかな方角や、漠然とした距離感のみを理解して向きあうことが必要です。

▼②適切な同調と対話をおこない相互作用する

イノベーターはマスターとは異なり、自らの拠りどころが抽象的なため、批判や反論についてものともしません。

一方、これまでにない概念や新しい考えとの出会いに大きな喜びを感じます。

そこで、**イノベーターとの向きあいに適切な対話手法が「クッション話法」や「弁証法」**になります。

「クッション話法」は、相手の意見を一度受け入れて否定することなく、こちらの意見も掲示する方法です。

たとえば、あなたが「しっかり安全性を考慮した上で新しい技術（たとえば自動運転）の導入をするべき（まだ時期尚早なので踏みとどめたい）」と考えていたとします。

イノベーターが主観も客観も踏まえず、ただただ「新しい技術」という一点で、導入を急いでいる場合のクッション話法の例は次のとおりです。

「おっしゃるとおりですね。現在のプロジェクトであれば、もっとも最新の自動運転技術〇〇を導入することが有益と思います。であれば、こんな最先端な取り組みになるからこそ、現状の安全性のリスクや、生じうる課題を先に検討し、我々がこれまで見たこともない未知の法規制の予測についても、一緒に考えませんか？」

さらに、こういった議論を、よりエキサイティングにして、イノベーターの好奇心を刺激しつつ、素晴らしいアウトプットを引き出す方法が「弁証法」です。

弁証法は、ドイツの哲学者ヘーゲルによって確立された手法で、ある意見と対立する観点の意見を出して、それらを統合し、よりよい意見へと昇華させる対話手法です。

・例1
意見「これからはVRやメタバース（ともに仮想現実空間に没入するもの）が中心の社会になる」
対立「VRやメタバースが普及すると、身体感覚が損なわれるので望ましくない」
統合「身体感覚を向上させるVRを開発しよう」

・例2
意見「文章作成AIや画像生成AIの登場により、人はさらに豊かになる」
反対「AIに過度に頼りすぎることで、人間の能力が低下する。従来、人がおこなっていた事柄が自動化されると、人間の思考力や判断力が退化する」

統合「AIをデータの収集・分析に専念させ、人はより創造的な役割に特化する。あるいは、AIに人が学ぶべきことを最適化させ、個々の学習スタイルや嗜好を分析し、最適な教材や学習プランを提供すれば、人はより効率的かつ効果的に学習ができるようになる」

こういった建設的な議論の方法を身につけることで、イノベーターとトラブルになるどころか、好奇心をうながし、モチベーションを向上させる結果となるでしょう。

▼③共感力を高める

イノベーターの感覚を理解し、建設的な議論をおこなうことで、イノベーターとのトラブル発生率は劇的に低下します。

最後に、イノベーターと、人としても親密になれる共感力の高め方について解説します。ここでご紹介する方法は、ある意味で同じ性質のマスターにもたいへん有効ですし、ほかのタイプにおいても有効な方法になります。

◇モデリング～難しく考えずに「観察」し「模倣」する

イノベーターは既成概念を破壊し、未知のことに挑戦しています。これは変化の激しい時代において、どのタイプにとっても有意義な行動のはずです。

そこで、自分たちの価値観からはまったく理解できない行動や思考であっても、まずは難しく考えずに観察し、模倣するのも一つの手です。

これはモデリングといって、あなたが別のタイプだったとしても、自らの強みがさらに変革を起こせる可能性が生まれます。逆に自らのタイプの特徴と、イノベーターの違いが、より明確になり強みの精度も高まります。当然、モデリングすることでイノベーターとの親近感が増し、互いの理解も深まることでしょう。

◇セルフプレゼンテーション～思わぬ共通点を見つけよう

自らとイノベーターの違いが明確になることで、逆に思わぬ共通点が見つかることもあります。これは、すでにお伝えした「抽象的」あるいは「俯瞰的」な視野に立てていると、よりうまくいきます。

相手との日ごろのやりとりや、弁証法を実施している中などで、この共通点を強調しながら、相違点を強みとして積極的に示すセルフプレゼンテーションをおこなうことで、イノベーターにとって高い興味の対象となれる可能性があります。

なお、共通点が「課題解決」や「攻略すべきもの」の場合は、よりイノベーターと仲間意識が強まります。こういう現象を「アワーエネミー（私たちの敵）」といって、親近感を強める定番の手法です。

以上のように、本章では各タイプと良好な関係を築く接し方と、トラブルを防ぐための考え方について、それぞれお伝えしてきました。クセつよ社長たちの価値観を活かして、良好な関係を築くために必要なベースの知識は、本章までとなります。

最後となる次の第5章は、これまでの考え方を用いて、僕が実際に取り組んできた事例をいくつかご紹介していきます。気軽に読み物としてお楽しみいただき、対人関係に調和をもたらすためのヒントにしてくだされば と願っております。

第5章／タイプ別に見る「クセ立てリング」活用事例

11 クセ立てリングは「相性×組み立て×根回し」で活用する

これまでお読みいただいた内容で、クセ立てリングを活用した対人関係を調和するメソッドは、充分に修得していただいています。

そこで本章では、実際に僕がどのように現場で対人関係を調和させつつ、各タイプの価値観を活かすための取り組みをしたかをご紹介します。

これらを読みものとして追体験してもらうことで、より実践的にクセ立てリングを活用していただけるようになるでしょう。

もう一度、クセ立てリングについて振り返りますと、この図は各タイプの相性をあらわしています。

おさらいですが、マスターとイノベーターのように、図の正反対にいるタイプは相性が悪いことを意味します。

さらに、マスターに対してのアンバサダーやアレンジャーのように、図の隣りあった関係は相性がいい組みあわせです。

なお、分析用のクセ立てリングには目盛りがついています。

それぞれの診断結果にもとづいて導かれた「P」点と「I」点で、自分や相手がどのタイプかわかりますが、この位置が中央から離れるほど、クセが強いことになります。

したがって、たとえば同じマスターとイノベーターというタイプであっても、

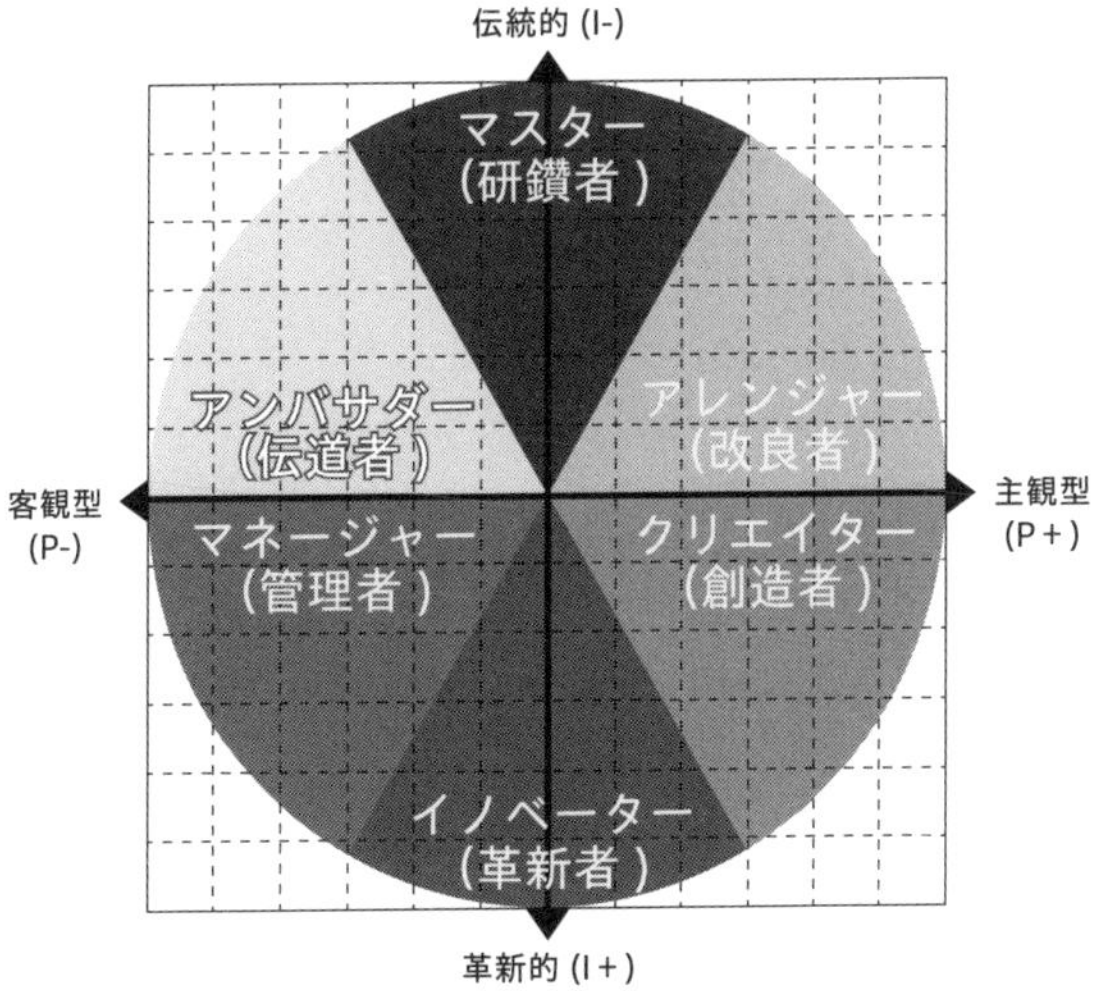

距離が遠ければ遠いほど相性が悪く、距離が近いと案外、相性はそこまで悪くないわけです。

対人関係の組みあわせを考える場合はタイプだけでなく、この診断結果の距離についても考慮する必要があります。

また、これまで特筆してきませんでしたが、各タイプの組みあわせを進めるために、もう一つ必要になってくるのが「根回し」です。

一般的に「根回し」というと、事前に裏で動いて「手を回す」「裏工作をする」といった〝何か裏でこっそり悪巧みをしている〟ような悪いイメージを持たれがちです。

たしかに、人によっては「根回し＝非公式の場でおこなう合意形成」と解釈します。

しかし、根回しの語源は造園用語で、樹を植える際にあらかじめ周囲を掘り下げて太い根をはらせることです。すなわち、事前に周囲の人々と良好な関係を築くことによって、よりよい成果を生み出し、問題が起きる前に対処することを意味します。

第2章で、果実が成る木を育てるために必要な三大栄養素「反応」「思考」「価値観」があるという話をしました。根回しによって、相手の価値観を大事に活かすことにもつながるわけです。

つまり、**本来の根回しというアプローチは、良好な対人関係を重視し、信頼関係構築を重要視する姿勢があらわれたとてもポジティブな行為**なのです。

この本来的な根回しを、ここでは「戦略的根回し」と名づけます。

クセ立てリングは「経営者の口説き方」にも使える

第1章の最後に、本書をお読みになっている方が経営者自身でなかったとしても、本書を経営者の口説き方に使えるとお伝えしました。

そこで、本章の活用事例の内容としては蛇足《だそく》となりますが、少しだけ解説します。

よく、営業やマーケティングを勉強すると「ウィンザー効果」という言葉を耳にします。これは、人が物事を判断する際に、直接利害関係を持つ相手（当事者）からの情報よりも、第三者からの情報のほうが高い信頼を持ちやすいというものです。

SNSなどで目にしたクチコミや、通販サイトなどで目にした「レビュー」を、動機に購買活動をするのは、その最たる例です。

つまり、人は利害関係を有さない第三者の影響も、多大に受けるということです。

先ほどの「戦略的根回し」とは少し異なるのですが、この原理は「経営者の口説き方」に大きく効果を発揮します。

クセ立てリングでは、向かいあったタイプ同士は「相性が悪い組みあわせ」とお伝えしましたが、では、仮にあなたが扱うサービスや商材が、イノベーター向けのような「新しさ」を売りにしたものであった場合、はたして「マスター」「アンバサダー」「アレンジャー」には売ることができないのでしょうか。

決して、そんなことはありません。この場合にとるべき口説き方は3つあります。

①対象とするタイプの価値観にとって、メリットとなる特徴を強調する

②自分と相性のいいタイプから順に口説いていき、対象となるタイプと相性のいい組みあわせのタイプの多くが、あなたのサービスや商材について、いいクチコミやレビューをするような状況にする。

③対象となるタイプと相性のいい組みあわせのタイプを、口説くための味方につけ

そのタイプの方から対象を口説いてもらう

一般的には①から③に行くほど、難易度は上がり、高いテクニックが必要になっていくでしょう。

また、これらは「戦略的根回し」というよりも、一般のイメージに近い「根回し」と思われた方も多いかもしれません。同時に、クセ立てリングが「経営者を口説く」ためにも有用であることは、イメージできたのではないでしょうか。

なお、①、②、③どれかを使うというよりは、それぞれを重ねあわせて使ったほうが効果的になります。

12 各タイプの「クセつよ」たちと実際にどうつきあえばいい？

では、僕が実際に多くのクセつよ社長たちと向きあってきて、とくに成功した事例から、各タイプの上手な活かし方をエピソード形式で紹介していきます。

これらのエピソードから「相性の考え方」、「対人関係の組み立て方」、そして「戦略的根回しとは何か」を感じていただければ幸いです。

マスター（研鑽者）タイプを活かす

全国的にそこまで認知されていないかもしれませんが、京都は日本のものづくりを支えているといっても過言ではないくらい、重要な製造業の会社が多くあります。

そのことから、僕も支援している企業の4分の1くらいは製造業です。

もちろん、多くの方が京セラ、村田製作所、村田機械、島津製作所、任天堂などをよくご存じかと思いますが、そういった有名企業ではない、従業員が10名に満たないような製造業の会社が、じつは重要な部品をつくっていたりします。

多くの場合、そういった会社の社長はマスタータイプが多いのです。

たとえば、僕のクライアントに、液晶ディスプレイの部品や半導体製造装置の部品加工をおこなっている会社があります。

従業員は5名もいない小規模事業者ですが、製造している部品は、ここではとても名前を上げられないような有名企業の有名な製品に用いられています。

そんな大手からの発注を受けられる理由は、高い精度の加工を短納期で実現できるからです。小さくて繊細な部品の加工、とくに「求められる面精度の加工ができるか否か」という点が、この会社の信頼であり強みでした。

しかし、これを実現できるのはA社長や、A社長の右腕に相当する熟練工員のBさんが、長年にわたって研鑽してつちかった技術と、経験、勘によるものでした。

一方、老朽化してきた加工機械の限界にあわせて、新しい加工機械を導入する必要が生じてきました。

しかし、時代の変化によって登場したプログラム入力式の機械は、これまでこの会社がつちかってきた過去の類似製品の製作、試作、手順、考え方などの暗黙知を再現することができませんでした。

さらに、コンピュータに対応できる若い人材を雇用しても、A社長やBさんが「これまでのやり方」を固持しようとするのです。そして、従来の考え方、工場内の運用やルール、動線などを重視する姿勢に呆れた若い人材は、すぐに離職するありさまです。

たまたま資金調達の支援で、この状況を知った僕は、この会社に次の提案をしました。

①C主任（アレンジャー）に新しい運用の策定を任せて口出しをしない
②多少コンピュータを使える若手工員D（アンバサダー）を、若手の育成係とする
③新たに導入する機械は「対話式プログラミング」を採用したNC工作機械とする

当初は、かなり難色を示していたA社長とBさんでしたが、高年齢化しつつあるこの業界の技術継承という課題解決には、若年層でも親しみのあるパソコンに対応する対話式プログラミングと、加工条件を数値化（デジタル信号）に変換して機械制御することが、短期間での利益率向上に寄与することを伝え続けて、納得いただきました。

その結果、アレンジャーであるC主任が、長年この会社でつちかわれてきた暗黙知を前提に、設備の稼動状況、加工プログラム、工具、生産スケジュールなど自動で一括管理・分析できるようにしました。

さらに、これらをアンバサダーである若手工員のDさんが、ほかの若手工員とともに、パソコンを活かした従業員間のスキル共有化と作業の標準化を実現し、若年層への技術継承の基盤をつくれたのです。

アレンジャー（改良者）タイプを活かす

ある小規模事業のデザイン会社の事例です。

この会社は、全体的にクリエイタータイプとアレンジャータイプが多く、ほかはアンバサダータイプが数名という会社でした。

当時はネットビジネスが全盛だったのですが、この会社は図録といわれる写真や絵画をたくさん載せた大きくて厚い本の制作をよくしていました。

美術館などで特定の画家や写真家のイベントがあったり、過去の偉人のイベントなどの展示会があったりするたびに、この会社に図録のデザイン、製版、印刷の仕事が来るので、比較的安定した業務受注を実現しています。

とくに、この会社にいるデザイナーEさんのデザインや装丁、紙の選択などは人気でした。大胆な配置や独特の色調の表現などは、素人の僕が見ても、どの図録がEさんの手によるものなのかがわかるほどです。

逆にいえば、この会社に発注が来る高価な案件は、必ずこのEさんが対応しなければなりません。そのため、イベントが多く重なる時期になると、けっこう失注（注文があるのに受けられずに逃すこと）が起きていました。

僕がこの会社に関わっていたのは、当初、委託契約書や著作権の権利処理に関する相談だったので、委託契約書をつくる際、この失注の悩みはよく耳にしていました。

あるとき、このEさんに関する契約書作成の相談を受けている際、おもしろいことに気づきました。契約書にEさんの仕事の詳細を入れる際、この会社の別のデザイナーであるFさんが、それらをとりまとめて説明していたのです。

しかもEさん本人よりも、Fさんのほうがやたら細かく理解していたのです。非常に興味深かったので、Fさん自身のことをいろいろと観察し、話を聞いていると、Fさんはアレンジャータイプで、どう見てもEさんのことが大好きすぎるのです。その結果、本人以上にEさんのことを理解しています。

そこで僕は、この会社の営業部長（アンバサダータイプ）に次の提案をしてみました。

①E対応の案件について失注しそうなときは、E本人がすべて手掛けなくても、Eに近いクオリティなら依頼する会社が出るか聞いてほしい

②依頼する会社が出た際、Eは途中の確認や監修をするだけにして、FにEらしいデザインや色調、装丁などの要素を整理させる

③案件がいくつか取り組めるなら、Fの整理した方法でほかの人が再現できるか試す

結論からいうと、Eさんが監修した同クオリティの図録なら頼みたい、という会社がけっこう出てきました。

Fさんがすごかったのは、容易にEさんの業務プロセスをフローチャート化し、レイアウトの基本原則、フォントの選び、案件ごとのカラーチャートの傾向、配色の特徴などをまとめて、ガイドラインレベルにできたことです。

ある種のテンプレートのような状態にまでできたものもあります。


一つだけうまくいかなかったのは、業務受注時の顧客との方針やイメージを固める打ちあわせです。これだけは、さすがのFさんでも代行できませんでした。

Eさんの本質は、この部分にあったようです。

そこで、顧客との打ちあわせは変わらずEさんがおこない、その際にはFさんも同席して、その後の具現化をFさんやほかのデザイナーが担えるようにしました。

結果、この会社の高価な図録の受注数は2倍以上になったのです。

僕が今まで関わった仕事でも、このときほどアレンジャーの強みを感じた件はなかったかもしれません。

クリエイター（創造者）タイプを活かす

これは恥ずかしながら、自分自身の事例です（笑）。

じつは、僕は本来クリエイタータイプなのですが、ペルソナとしてはマネージャータイプに見えるらしく、いつもどこでもリーダーを任されます。

ですが、クリエイターは個人主義で、こだわりも強いですし、そもそも妥協もできず所属意識も低いのです。仕事で他者を支援しているときは、それこそ物事を俯瞰的に見たり、物事を冷静に見たりもできるのですが、自分自身がプレイヤーになる場面では、やはり地が出てしまいます。

実際、多くの場合、リーダーを引き受けても、最初のうちはマネージャータイプ的にがんばるのですが、途中で挫折するか、成果を出せなかったりします。

そんな僕が、長いあいだ珍しく組織の中でリーダーを続けることができ、しかも大きな成果を出し続けることができました。

この理由は、もちろん、本書のクセ立てリングを自分自身に活用してみた、というのもあるのですが、いちばん大きかったのは2人のイノベーターの存在です。

1人目のイノベーターのGさんは、その組織で長年、役員を続けて重要な役職についていたキーパーソンでした。

ですが、僕がはじめて役員入りしたころ、かなり会議でやりあっていたのです。

僕もKYで、こだわりが強いので、新人のクセに上司のGさんに対して、おかまいなしにかみついてしまっていました。

やがて、そのGさんはさらに役職が上がるのですが、その際になんと僕を部下に指名したのです。これは正直、予想外でした。しかも、その人の部下に指名されるということは、イコール何か部署を引っ張るリーダーになることを意味していました。

僕は当初「自分には向いていないので……」と断りを入れていたのですが、Gさんと何度か深く話すことでわかったことは、次のとおりでした。

①Gはイノベーターであり、それまでも何度も組織を改革してきていた
②時代が大きく変化した中、Gは自分の歳ではもう改革はできないと感じている

③Gは僕にイノベーターの資質を感じ、新しい組織の形を切り拓《ひら》いてほしがっている

幸運にも、当時、組織内で1、2位を争うほど影響力を有していたGさんが「飛んでくる火の粉《こ》は全部、俺が払ってやるから、妥協せずに自分のやりたい方法をすべて試してほしい」と切望いただいたのです。

このとき、はじめて本気でリーダーをしてみようと思い立ちました。

じつは、クセ立てリングの理論は、この数日後にGさんに提案した考え方がもとになっています。そのときもGさんは「なんだこれ（笑）。おもしろいから、やってみよう」と即答でOKしてくれました。

その後、僕はそれまでなかった新規の部署を立ち上げ、これまでまったく組織の活動に関わっていない人（外野）から、メンバーをスカウトしていきました。

このとき、意識したのが、次の3点です。

- **6タイプ均等に人を集めること**
- **固定観念がない、経験が浅い人から選ぶこと**

・部署内では上下関係なくフラットな組織とし、自律分散させること

また、僕と違い、ほかのメンバー全員が、この組織で活動をしたことがない人だったので、つねに1回は自分が事業の一通りを回して見せました。

あとは「やりたい人が、やりたい事業を、やりたいように提案して、自分でやる」ということだけをルール化し、定期的に、それぞれの取り組み状況をシェアする場を設け、互いにフィードバックさせる、という運用をしました。

こんなに自由な設計ができたのは、Gさんがすべて火の粉を払ってくれていたおかげです（実際に、上ではかなりやりあっていたようです）。

もう一つ大きかったのが、自分の補佐役は集めた6タイプの中から、イノベータータイプのHさんにお願いしたことです。

このHさんがまた、かなりの革新性を持っており、僕の考える組織像やプロジェクトの進め方、ビジョンの描き方などに、多くの色彩を加えてくれました。

そして何より、ミーティングの中で、ほかのメンバーから、マスター的意見、アンバサダー的意見、マネージャー的意見が出てきて停滞しても、ビシっと一喝で、僕の言いたいことを代わりに言って、バッサリと斬り捨てていってくれました。

いつしか補佐役というよりも、内部での改革や外部折衝時のペアになっていて、考えることをつねに先読みして行動してくれるほどでした。

このように、決してリーダーは務まらないはずの僕が描いたビジョンやこだわり、探求心を実現するために、後陣ではGさんが、先陣ではHさんが、ともに開拓する役割を担ってくれて、組織や業界の前例を僕らの部署でことごとく壊していったのです。

自分の価値観を活かしてくれたGさんとHさんをはじめ、当時一緒に前例を壊していったメンバーたちには、今でもすごく感謝しています。

アンバサダー（伝道者）タイプを活かす

これは、先ほどの僕が立ち上げた事業のうちの一つの事例です。

今から7年ほど前ですが、とある業種の新法が施行されたことで、全国で新しい手続きの受付が開始されました。僕は法律原案作成のころから、この新法の動向を追っていたので、法律案や規則が公布してから施行（手続きが開始されるタイミング）まで、商工会議所などの各所で、この制度や手続きの解説を講義していました。

そこで、とある自治体から、この手続きの受付体制構築と、行政サイドの手引策定の相談がありました。**本来、行政が遂行する新法の受付業務を民間に委託するというのは、なかなか革新的で、当時は新聞やテレビの取材が殺到しました。**

この相談があったのが、法律施行の3か月前くらいでしたので「これは即戦力で体制をつくらないといけない」と、先のHさんと相談し（僕個人ではなく）この組織で請けることにしました。

とはいえ、こんな今まで誰も追っていないような法律、しかも自治体すら対応ができない状態のものでしたから、組織全体としての「能力担保」をどうするか、というのが最大の課題です。

ただ、奇しくもこの組織にいる人員は、マスタータイプやアンバサダータイプが非常に多いのが幸いでした。

とくにアンバサダーは基本的に優秀で、物事をそつなくこなせるタイプです。なによりチームプレイをいちばん得意としており、自分を出しすぎない特徴があります。

つまり、**アンバサダーは、今回のように組織的な体制で、画一的な受付をするお役所的な事業と親和性が高い**のです。

ただ、アンバサダーの注意点として、その優秀さを発揮するには、インプットを充実させる必要があります。そこで僕が今回、方針として定めたのは次の3点でした。

①業務遂行のマニュアルを策定し、これを着実に遂行できる人員のみで運用する
②適宜、対応事例を共有し、自治体と協議の上、従事可能基準を設けて、基準を下回ると従事できなくする
③窓口に受付対応者と、後方支援としての管理者の役割を明確に分けて、自らの職責に専念する

まず①はハッキリいってしまえば、なるべく受付者をアンバサダータイプやマスタータイプに絞ろうとする考えです。

次に②は、このアンバサダーやマスターの資質をもとに、つねに状況変化にあわせたインプット内容の更新に対応できる人員のみに絞る意図です。

さらに③は、その他のアレンジャー、マネージャー、クリエイターなどの僅少な存在を、適材適所に配置するためのものです。

実際に、受付が開始される2か月前に人員を募集して、150人以上の申し出があり、それを110人程度に絞る考査を実施しました。

この考査内容は、①の資質が備わっているかを判断できるものとしました。これをクリアした者でも、ほかのタイプと思われる人員は受付対応者ではなく、運用ルールの策定・改訂や人員管理、報酬計算などの業務に専念できるようにしました。

画一的に大量の案件を処理すべき事業では、各タイプにおける個々のクセをおさえるよう、アンバサダーをメインに、マスターやマネージャーを加えながらチームづくりするほうがうまくいきます。

僕とHさんで構築したこの体制は、行政からも評価を得て、その後も別の事業で横展開され、いくつかの自治体連携事業として発展していきました。

マネージャー（管理者）タイプを活かす

マネージャータイプを活かす方法は、とてもわかりやすいです。

まずは、組織の中で人材を配置、採用、評価したり、事業全体を管理、遂行したりするといった大局的な仕事をする役割にあたってもらうことです。

あるとき、伝統ある染物屋さんのＩ社長から、ネット通販事業を開始したいというご相談がありました。

伝統産業は、完成するまでに高い技術の職人さんの手を経ます。そのため必然的に、ある程度の価格設定をしてきたのですが、時代の変化にともない、大量生産の低価格品が簡単に手に入るようになって、この染物屋さんも売上が低迷してきたのです。

しかし、Ｉ社長のお話を聞いていると、従来の製品のまま、売り方だけ（当時の）流行にあわせれば、業績を立て直せると考えられているようでした。

僕は、**売り方だけ変えたとしても、提供する製品自体が時代のニーズにあわないものなら、成果を出すことはできない**ことをお伝えしました。

I社長は、製品をどう考えればよいのかと尋ねられたので、僕は「現在の製品の独自性を低コストで提供できる体制構築」にするか、あるいは「現在の製品の独自性を打ち出したまま、顧客が高価格でも購入したくなる意味づけ」をするか、どちらかを考えてもらうようにしました。

その後、打ちあわせをして後者の方針でいくことが固まったので、僕は次のような提案をしました。

①受注管理、生産管理、在庫管理などをデジタル化して、効率的に事業を管理できる人材を抜擢する
②通販サイトと①のシステムは、連動させたものを開発できる会社に依頼する
③生地の柄を統一し、品質も均一化する方法を模索する

とくに①の提案の中で、人材像をマネージャータイプの特徴でお伝えしていました。たしかに、画一化や大量に処理する事業ではアンバサダーによるチームワークが適していますが、この件は伝統産業で、高価格路線でいく方針で固まったからです。

その場合は、**革新性の行動原理と俯瞰した視点を持ち、自身では手を動かさない方法で全体最適を考えられる人材を中心に、事業を進める必要があった**からです。

ちなみに、残念ながらI社長はマスタータイプでした。

後日、あらためてI社長から連絡を受けて、適任者と打ちあわせする際に驚いたのは、なんとI社長が選んだのは、ご自身の娘であるJさんでした。

しかもJさんは、すでにシステム会社の選定を終えており、僕のイメージしていた条件を満たす会社から見積と要件定義（システム会社がお客さんの意見を聞き仕様イメージを描いたもの）まで用意していました。

さらに驚かされたのは、③の生地の柄統一に対し、専属のデザイナーと提携して、会社独自のパターンを複数用意したことです。

そして、品質の均一化に対しては、京都独自の紡績や加工により、コストをおさえながら、安定した品質にできるシルクに特化するというアイデアをお持ちでした。

シルクは通気性がいいだけでなく、夏は涼しく冬は暖かくて肌にもやさしい、それこそ現代の化学繊維にもひけをとらないというのです。

僕は**この1回のやりとりで、Jさんにこの事業を推進してもらえば間違いない**と確信しました。実際にその後、契約書作成やWebサイトの規約の打ちあわせなどで、何度かJさんの様子をうかがいましたが、多くの人員を統率するのではなく、デジタル化した効率のいい最小限のスタッフと進める新規事業は、着実に成果を上げていました。

その後、この会社は評判になり、あらたに専属デザイナーとのマッチングサイトを構築して、オーダーメイドシステムも導入されました。

きっとJさんは、イノベーター寄りのマネージャーだったのでしょう。

イノベーター（改革者）タイプを活かす

最後にご紹介するのは、現在の僕の礎を築いたともいえるK社長のお話です。

K社長との出会いは古く、僕が行政書士事務所の開業間もないころにご依頼いただきました。

あまり詳細を書くと、K社長が誰かわかってしまいます。日本中の誰もが見聞きしたことのある海外のビジネスモデルを、複数、日本に持ち込んで展開された方です。

まだプラットフォームビジネス（ネット上で参加者同士をマッチングして手数料で収益をあげるビジネス）が画一化されていないころから、すでに多くのモデルを日本で普及されていました。僕は、その都度、規約や契約などのルール整備と、さまざまなリーガルチェック（法規制適合調査）をさせていただきました。

K社長は、典型的なイノベーターです。つねにさまざまな国のビジネスモデルを研究し、日本に存在しないものは、見よう見まねでそのアプリを開発し、新しい市場を開拓されます。

もちろん、このやり方はうまくいくものもあれば、うまくいかないものもあります。イノベーターは周辺の人から理解されにくく、個人プレーになりがちなところがあります。そこで僕は、K社長の相談を受けて、新規事業の契約書作成や、規約などのルール整備をする際、次のような観点で提案していました。

①つねに組織的な運営体制を前提にルールづくりをする
②K社長以外の担当者を設定し、都度、成果指標が残る形にする
③販売代理店契約書のひな型もつくって、営業は外注する

つまり、クリエイター寄りのイノベーターであるK社長に、強制的にマネージャーとアンバサダーが関与しないと運用できないようにしていました。

そうでもしなければ、必ずK社長は個人プレーに走ってしまい、さらにおもしろいビジネスを見つけたら、取り組んでいる事業が安定する前に、そちらに目移りしてしまうからです。

逆に、事業開始時に①〜③のような体制をつくっておくことで、K社長の手を離れても、社内スタッフと社外の提携先で、しっかりと回すことができます。

僕は契約書をつくる際、契約書を業務マニュアルとしても機能させるようにしています。おかげで各方面からご好評をいただいているのですが、このスタイルは開業間もないころに、K社長の支援をし続けたことでできた上がったスタイルです。

さらに、新規事業立ち上げに特化しているのも、その際のリーガルチェックの重要性を認識しているのも、K社長の影響が大きいのです。

もしかしたら、僕のシャドウがクリエイターにもかかわらず、ペルソナがマネージャータイプになっているのも、開業当初にK社長とビジネスを進めた経験が多かったからかもしれません。

それくらい、**イノベーターを活かすためには、個人プレーにならず、周囲の人に理解してもらう体制づくりが重要**ということです。

また、イノベーターの性分として、事業拡大よりも、新規性への好奇心が強くなってしまうので、アンバサダータイプのパートナーか、提携先の存在も重要になるのです。

いかがだったでしょうか。

活かすべきタイプごとに、僕がこれまで特に印象に残った事例をご紹介しました。

実際に僕がどのように考え、ふるまってきたか、そのエッセンスだけでもお伝えすることで「相性の考え方」「対人関係の組み立て方」「戦略的根回しとは何か」を読みとっていただき、あなたが実践的にクセ立てリングを活用できるようになれば幸いです。

おわりに

最後までお読みいただき、本当にありがとうございます。

僕は今まで、たくさん書籍を出版してきましたが、自分の考えや想いをつづったのは、じつは本書がはじめてとなります。

そういう意味でも、本書がデビュー作という意気込みで臨みました。

僕の本業、行政書士やコンサルティングという仕事は、業界的に知識や情報の提供がありがたがられる傾向にあります。必然的に、行政書士やコンサルティングの肩書でおこなう出版や講演会は、知識や情報を提供する内容が中心でした。

ですが、僕がお客様に提供し、高く評価いただいている価値は、知識や情報ではありません。それは、お客様自身にしか伝わらない、同業者が外から見てもわかりにくいスキルや思考の部分で、まさに本書で明かしたような内容です。

内心「本当は別のところが大切なのに」と思いながら、これまで多くの書籍の執筆や講演会をこなしてきました。

一方で、ここ最近の社会や経済変化は、目覚ましいものがあります。政府が推進するデジタル社会の発展。ブロックチェーン、AIなどの普及。とくに、本書を執筆中に一躍脚光を浴びた「ChatGPT」などの文章生成AIや、「Midjourney」「Stable Diffusion」などの画像生成AIの台頭により、人間が本当に重視すべきものが明確になりました。

近年は「多様性を受け入れる社会の実現が求められる」とよくいわれたりもします。また、ダイバーシティやインクルージョンという言葉も、よく耳にするようになりました。ダイバーシティとは「多様性を受け入れる」あるいは「多様性を認めあう」ことになります。一方で、インクルージョンとは「多様性を活かす」ことです。

つまり、本書のテーマの中心は、インクルージョンともいえるかもしれません。人間同士のクセを活かしあい、調和の取れた創造的な対人関係を築くこと。

これは、生成系ＡＩと並んで重要視されているＷｅｂ３やＤＡＯという分野でよく語られる文脈です。

社会が様変わりし、テクノロジーが発達するからこそ、より一人ひとりの価値が重要になり、お互いを受け入れるだけに止まらず、活かしあうことを真剣に考えなければならないと強く思っています。

しかし、実際はというと、インターネット上やＳＮＳ上では、互いの価値観を否定し攻撃しあう様をよく目にします。

これは僕の同業種であっても同様です。

本書は、時代が変わり、これからますます個人のクセが際立つ中で、経営者や、副業で事業をおこないたい方々にとって重要になるのが「知識や情報ではなく、互いの価値観を活かしあうこと」という考えや想いを込めて書きました。

これは僕が、十数年にわたって１０００人を超える経営者と向きあい、地域コミュニティと向きあい、さらに士業という独立した事業者たちと向きあって確信した最優先事項です。

このような想いを、自分のような士業やコンサル畑の人間が書籍にできるのか悩んでいたころ、ＡＮＡのＣＡマネージャー時代の経験をもとに、対人関係のあり方を説かれた加藤茜愛さんのご著書と存在に、たいへん勇気をもらいました。

さらに、原田翔太さんの『絶対領域』（青志社）という著書を読み、琴線に触れたことで、自分がこれまで得てきた知見を言語化して、広く伝えていきたいという想いを強くしました。

そんな想いに共感いただき、出版の実現まで真摯に向きあってくださった秀和システムの丑久保和哉さんをはじめ、秀和システムのみなさまにはたいへんお世話になり、心から感謝申し上げます。

なかでも、丑久保さんは本書のテーマである「クセつよ社長」というアイデアを提案くださり、そこから本書の方向性が明確になってアイデアが広がっていきました。

また、度重なる打ちあわせに真剣に応じ、本書の世界観を素敵なキャラクターとして具現化してくださった漫画家、アニメーターの佐藤元さんに、この場を借りまして心より厚く御礼を申し上げます。

最後に、丑久保さんに引き合わせてくだり、いつもやさしく熱いご指導をくださっている石川和男さん、石川塾をともに盛り上げてくださっている大神賀世子さん、山本千儀さん、この本を書く上で知見を与えていただいた石津大さん、岡崎かつひろさん、岡田宗凱さん、金杉肇さん、黒沢怜央さん、小塚祥吾さん、茂山千三郎さん、高田洋平さん、高橋貴子さん、田中克也さん、とまこさん、富田志乃さん、本田健さん、松田公太さん、山中恵美子さん、本書の連動企画と周知にご協力いただいた伊地知友貴さん、井上玲子さん、大西恵さん、下間都代子さん、千々岩源大さん、服部満さん、本当にありがとうございました。

そして、この本を手にとってくださったあなたと、これまでご縁をいただいたすべてのクセつよ社長のみなさまに感謝いたします。

２０２３年６月

服部真和

本書をご購入いただいた方へ

下記のQRコードでアクセスしていただくと、簡単にタイプの分析結果を知ることができる「クセつよ診断」Webサイトにアクセスできます。左が相手を診断する際のQRコードで、右が自分を診断する際のものです。ぜひご活用ください。

クセつよ診断

セルフクセつよ診断

また、この本を読んで、少しでも僕に興味を持たれた方がおられましたら、下記のQRコードをお使いください。経営者の方、経営者ではない方、みなさん大歓迎です！

公式LINE

服部真和オフィシャルSNS

著者プロフィール
服部 真和（はっとり・まさかず）

1979年生まれ。京都府出身、中央大学法学部卒業。行政書士、シドーコンサルティング株式会社代表取締役、synclaw株式会社代表取締役、京都府行政書士会参与。ジャズギタリストと並行しながら複数の会社勤務を経て、2009年、「人と人を調和に導く」をコンセプトに行政書士事務所を開業。これまで大企業から外資系企業、IT企業、ベンチャー企業、老舗、プラットフォーマーなど1500を超える新規事業創出を支援し、1000人を超える経営者たちから信頼を得てきた。

民泊トラブルなどに関し京都市からの要請を受け、民泊地域支援アドバイザーとして事業者と地域住民の調和の実現にも寄与。約300件の民泊案件に関わり、話し合いの合意率は100%を誇る。

◆装丁　大場君人
◆イラスト　佐藤 元

できる社長《しゃちょう》の対人関係《たいじんかんけい》

発行日　2023年 7月10日　第1版第1刷

著　者　服部《はっとり》　真和《まさかず》

発行者　斉藤　和邦
発行所　株式会社　秀和システム
〒135-0016
東京都江東区東陽2-4-2　新宮ビル2F
Tel 03-6264-3105（販売）Fax 03-6264-3094
印刷所　日経印刷株式会社　Printed in Japan

ISBN978-4-7980-6980-7 C0030

定価はカバーに表示してあります。

乱丁本・落丁本はお取りかえいたします。

本書に関するご質問については、ご質問の内容と住所、氏名、電話番号を明記のうえ、当社編集部宛FAXまたは書面にてお送りください。お電話によるご質問は受け付けておりませんのであらかじめご了承ください。